Bauernhof
Geschichten

von Carola von Kessel

Schwager & Steinlein

Inhalt

Eine blendende Idee

Es war ein friedlicher Tag auf dem Bauernhof. Die Kühe grasten auf der Weide, während das Kälbchen Klara im Gras lag und vor sich hindöste. Ab und zu brummte eine Fliege vorbei, und in der Ferne zirpten ein paar Grillen. Klara hörte, wie ihre Mama und die anderen Kühe das Gras abrupften und gleichmäßig kauten.

Das Kuhmädchen gähnte und schloss die Augen. Die Sonne schien auf Klaras Fell, und ein leichter Windhauch zog übers Land. Klara fühlte sich rundum wohl … und war schon eingeschlafen.

Klara träumte gerade von einem Wettlauf mit dem Fohlen Flicka, als ein lautes Geräusch sie aus dem Schlaf riss. Was war das für ein seltsames Knattern? Erschrocken sprang das Kälbchen auf. Als Klara ins Sonnenlicht blinzelte, erstarrte sie vor Schreck.

Das knatternde Wesen gab nicht nur unheimliche Geräusche von sich, es sah auch fürchterlich aus!

Es war riesengroß und leuchtend blau – und es kam immer näher!

Jetzt war Klara hellwach. Sie musste die anderen Tiere warnen! So schnell sie konnte, rannte sie los. Zuerst zu ihrer Mama und den anderen Kühen, die inzwischen ein Stück weitergezogen waren.

„Passt auf!", rief Klara. „Da rollt ein Ungeheuer übers Feld!"

Noch ehe die Kühe etwas erwidern konnten, war Klara weitergelaufen. Sie schlüpfte unter dem Zaun hindurch und kam als Nächstes bei den Enten am Teich vorbei.

„Schnell, bringt euch in Sicherheit!", rief Klara. „Hier ist ein fauchender Riese unterwegs!"

Mama Ente rief rasch ihre Kinder herbei und scheuchte alle ins sichere Entenhaus.

Bald hatte Klara auch die Pferde und die Schafe gewarnt. Vorsichtig spähte sie zwischen den Büschen hindurch und beobachtete das blaue Ungetüm, das mit lautem Getöse über die Wiese holperte.

Nanu, was war das? Plötzlich blieb das blaue Wesen stehen und hupte laut. Dicht vor dem Ungetüm sprang ein kleines Rehkitz auf, das im Gras geschlafen hatte. Mit großen Sätzen lief das Reh davon. Vom Waldrand eilte ihm seine Mutter entgegen.

Klara staunte. Das blaue Wesen hatte mit seinem Hupen das Rehkitz gewarnt, statt einfach weiterzurollen.

Offensichtlich war der knatternde Riese nur groß und laut, aber nicht gefährlich.

Klara nahm ihren ganzen Mut zusammen und trat dem Wesen entgegen.

Als der Knatterheini sie sah, blieb er stehen.

„Hallo, wer bist du denn?", fragte er freundlich.

„Das wollte ich dich auch gerade fragen", erwiderte das Kälbchen. „Ich bin Klara, das Kalb."

„Und ich bin Tom, der Traktor", erklärte der Blaue. „Ich wohne schon sehr lange auf dem Bauernhof.

Aber in den letzten Wochen war ich in der Werkstatt. Deshalb kennen wir uns noch nicht. Lass dich mal anschauen ..." Er betrachtete Klara ganz genau, dann sagte er:

„Du bist bestimmt die Tochter von Käthe Kuh."

„Du kennst meine Mama?", rief Klara erfreut.

„Aber sicher", brummte der Traktor. „Ich kenne alle Tiere hier auf dem Hof, nur die ganz jungen nicht, die in den letzten Wochen geboren wurden, so wie du."

Klara schlug die Augen nieder. „Und ich dachte, du bist ein Ungeheuer", gestand sie. „Ich habe sogar die anderen Tiere vor dir gewarnt."

Tom Traktor seufzte. „Das bin ich schon gewohnt", meinte er. „Du glaubst gar nicht, wie viele Tiere sich vor mir fürchten. Dabei arbeite ich doch auch für euch." Er zählte auf: „Ohne mich könnte der Bauer kein Heu und kein Stroh ernten. Ich bringe das Getreide in die Scheune, das ihr im Winter fresst. Und ich hole die Baumstämme aus dem Wald, aus denen der Bauer eure Ställe baut."

Der Traktor sah ratlos aus. „Trotzdem laufen immer wieder Tiere vor mir davon, nur weil ich anders aussehe und anders klinge als sie."

Klara überlegte. „Vielleicht würde es helfen, wenn du dich ein bisschen leiser bewegst", schlug sie vor.

„Das geht leider nicht", erwiderte Tom Traktor. „Ich brauche meinen starken Motor für meine Arbeit – und so ein Motor ist nun mal laut."

Das verstand Klara. Nachdenklich betrachtete sie ihren neuen Bekannten. Da hatte sie auf einmal eine Idee ...

Als Klara kurz darauf auf die Kuhweide zurückkehrte, fiel ihrer Mutter Käthe ein Stein vom Herzen.

„Klara, mein Schatz!", rief Käthe und schleckte ihre Tochter mit ihrer rauen Zunge ab. „Wo hast du nur gesteckt? Ich habe die ganze Weide abgesucht und mir riesige Sorgen gemacht."

„Das tut mir leid", sagte Klara und schmiegte sich an ihre große, warme Mama. „Ich habe ein riesengroßes Ungetüm gesehen und bin aus Angst davongelaufen. Aber dann habe ich gemerkt, dass das Ungeheuer eigentlich sehr nett ist."

Nun erzählte Klara ihrer Mutter die ganze Geschichte. Natürlich weihte sie Mama Kuh auch in ihren Plan ein ...

Noch am gleichen Tag versammelten sich alle Hoftiere auf der Kuhweide. Klara schämte sich ein bisschen, als sie berichtete, wer das vermeintliche Ungeheuer von heute Mittag gewesen war. Aber niemand lachte sie aus. Ganz im Gegenteil! Viele Tiere hatten sich ebenfalls vor dem Traktor gefürchtet, als sie ihm das erste Mal begegnet waren.

Nun erzählte Klara den anderen Tieren von ihrer Idee. „Was haltet ihr davon, wenn wir Tom anmalen? Wenn er braun-weiß gefleckt wäre wie wir Kühe, dann würde sich bestimmt niemand mehr vor ihm fürchten."

Unter den Tieren erhob sich unruhiges Gemurmel.

„Anmalen finde ich gut!", rief der weiße Gänserich Günter. „Aber warum nicht weiß?"

„Grau!", schrie der graue Egon Emil dazwischen. „Grau würde Tom sicher gut stehen!"

„Ich bin für braun!", wieherte das braune Pferd Paula.

„Rosa!", quiekte das rosafarbene Schwein Sonja.

„Gestreift!", miaute die gestreifte Katze Kara.

„Gefleckt!", gackerte das gefleckte Huhn Hanna.

Klara Kalb rief: „Ich weiß, wie wir es machen! Jede Tierfamilie bemalt einen Teil von Tom so wie es ihnen gefällt!"

Damit waren alle Tiere und auch Traktor Tom einverstanden.

Nachts, als der Bauer schlief, machten die Tiere sich ans Werk. Sie holten die Farbtöpfe und Pinsel aus dem Schuppen und legten los.

Als am nächsten Morgen die Sonne aufging, sah Tom nicht mehr aus wie ein Traktor, sondern wie ein Mischwesen aus Kuh, Gans, Esel, Pferd, Schwein, Katze und Huhn.

Von nun an fürchtete sich kein Tier mehr vor ihm. Denn Tom wirkte überhaupt nicht mehr furchterregend. Der Traktor selbst war sehr zufrieden mit seinem neuen Aussehen. Und der Bauer, der sich zunächst sehr gewundert hatte, war bald ganz stolz auf Tom. Denn eines war sicher: So einen Traktor gab es nur einmal auf der Welt!

Die Matschmonster

„Wie seht ihr denn aus?" Kopfschüttelnd betrachtete Mama Schwein ihre Kinder.

Finja und Flo Ferkel grinsten so unschuldig, wie sie nur konnten. Die beiden hatten sich wieder einmal ausgiebig im Matsch gewälzt. Das war eine ihrer Lieblingsbeschäftigungen. Für sie gab es nichts Schöneres, als bis zur sumpfigsten Stelle ihrer Wiese zu waten und sich dort im Dreck zu suhlen, dass es nur so spritzte.

Der Schlamm war schön kühl. Und wenn er trocknete, bildete er eine feste Kruste, die alle lästigen Insekten fernhielt. Aber Mama Schwein hielt nicht viel davon, wenn ihre Kinder sich so schmutzig machten.

Und heute schon gar nicht, denn gleich sollte Familie Schaf zu Besuch kommen. Frau Schaf legte großen Wert auf Sauberkeit. Ihr wolliges Fell war stets makellos weiß, und sie rieb ihre Hufe jeden Morgen mit frischem Tau ein, damit sie schön glänzten. Ihre Kinder Larissa und Ludwig Lamm waren fast noch feiner als die Mutter. Sie schmatzten niemals beim Essen, liefen vorsichtig um jede Pfütze herum und achteten darauf, dass ihr Fell immer schön glatt lag.

„Was sollen unsere Gäste nur denken?", stöhnte Mama Schwein, als sie jetzt ihre völlig verdreckten Kinder sah.

„Ihr seht ja aus wie Matschmonster."

Das Wort gefiel den Ferkeln. Munter hopsten sie über den Hof und riefen: „Wir sind die Matschmonster, wir sind die Matschmonster!"

Dabei stieß Flo aus Versehen gegen einen hoch beladenen Anhänger mit Stroh. Die Stroh-ballen begannen gefährlich zu wanken.

„Pass auf!", rief Mama Schwein.

Flo sprang erschrocken zur Seite, doch es war zu spät. Schon purzelten die Strohballen vom Wagen und kullerten kreuz und quer über den Hof.

Oje! Wo Flo gerade noch gestanden hatte, türmte sich jetzt ein Strohhaufen. Mama Schwein und Finja rannten schnell zu der Stelle und schoben die Ballen zur Seite. Ein Glück, dem frechen Flo war nichts passiert. Aber wie er jetzt aussah! Auf seinem schmutzigen Fell klebten überall Strohhalme.

„Jetzt bist du kein Matschmonster mehr, sondern ein Strohmonster", kicherte Finja.

In diesem Augenblick drang vom Zaun her lautes Blöken zu ihnen hinüber. Frau Schwein und ihre Kinder blickten sich entsetzt an. Familie Schaf war da! Und das ausgerechnet jetzt, wo auf dem Hof ein solches Durcheinander herrschte! Finja und Flo versteckten sich schnell hinter einigen Strohballen, während ihre Mama dem Besuch entgegenging.

Frau Schaf stakste mit entrüstetem Gesichtsausdruck um die verstreuten Strohballen herum. Hinter ihr stolzierte der schwarze Ludwig Lamm, gefolgt von seiner weißen Schwester Larissa.

„Was ist denn hier los?", fragte Frau Schaf statt einer Begrüßung.

Noch ehe Mama Schwein antworten konnte, sprang Finja aus ihrem Versteck. „Hier sind die Matschmonster los!", rief sie und schnitt eine Grimasse.

Die Schafe fuhren erschrocken zusammen.

„Und hier sind die Strohmonster los!" Kichernd hopste Flo hinter seinem Strohballen hervor.

„Meine Güte!" Angewidert betrachtete Frau Schaf die schmutzigen Ferkel. „Wie kann man sich nur so dreckig machen?"

Flo grinste. „Och, das geht ganz einfach! Zuerst wälzt man sich im Matsch ..."

Die Ferkel sprangen in die nächstbeste Pfütze und machten es vor.

„Und dann bewirft man sich mit Stroh!", ergänzte Finja.

Schon lieferten sich die Geschwister eine lustige Stroh-schlacht.

Frau Schaf und ihre Kinder wichen zurück.

Mama Schwein beschloss, dass es am besten war, Frau Schaf schnell von den Ferkeln abzulenken.

„Habe ich Ihnen schon unseren neuen Gemüsegarten gezeigt, Frau Schaf?", fragte sie.

Glücklicherweise kannte Frau Schaf den Garten noch nicht. Frau Schwein führte sie um den Stall herum und zeigte voller Stolz die vielen Gemüsesorten, die in dem Garten wuchsen.

„Möchten Sie vielleicht etwas frischen Blumenkohl probieren?", erkundigte sich Frau Schwein. „Oder lieber würzigen Lauch?"

Frau Schaf wollte gerne alles kosten, was in dem kleinen Garten wuchs. Sie knabberte an einer Lauchstange, fraß etwas Blumenkohl, vertilgte eine Möhre und mampfte einige Salatblätter. Dabei unterhielt sie sich mit Mama Schwein über die neue Kuh-Familie, die seit Kurzem im benachbarten Kuhstall wohnte.

Insgeheim atmete Mama Schwein auf. Es sah ganz so aus, als hätte Frau Schaf die Unordnung auf der anderen Hofseite wieder vergessen. Aber Moment mal – was trieben inzwischen eigentlich die Ferkel und die Lämmer?

Mama Schwein spitzte die Ohren. Immer wieder hörte sie lautes Platschen und seltsame schmatzende Geräusche. Sie hätte zu gerne gewusst, was die Tierkinder auf der anderen Seite des Stalles spielten. Aber sie wollte lieber nicht nachschauen. Denn wahrscheinlich war es besser, wenn Frau Schaf nichts mitbekam ...

Auf der anderen Hofseite ging es inzwischen hoch her.

Zuerst hatten die Tierkinder zwischen den Strohballen Verstecken gespielt. Aber das machte nicht viel Spaß, weil die Lämmer ständig nur darauf achteten, sich ja nicht schmutzig zu machen.

Jetzt schauten Ludwig und Larissa Lamm den Ferkeln beim Wett-Versinken zu. Bei diesem Spiel suchte sich jeder Teilnehmer eine möglichst sumpfige Stelle auf der Wiese. Dann hopsten Flo und Finja Ferkel gleichzeitig an den ausgewählten Stellen in den Matsch und zählten laut von eins bis zehn.

Dabei versanken sie allmählich immer tiefer im Boden. Wer am Schluss tiefer eingesunken war, hatte gewonnen.

„Spielt doch mit!", rief Finja den Lämmern zu.

Aber die beiden schüttelten die Köpfe.

„Wir dürfen uns beim Spielen nicht schmutzig machen", erklärte Ludwig.

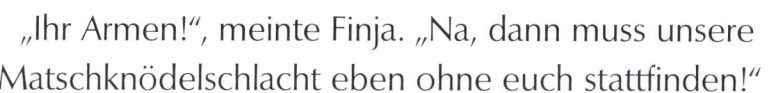

„Ihr Armen!", meinte Finja. „Na, dann muss unsere Matschknödelschlacht eben ohne euch stattfinden!"

Die beiden Ferkel formten kleine Matschknödel und bewarfen sich gegenseitig. Zack!, schleuderte Flo eine dicke Matschkugel auf Finja zu. In letzter Sekunde bückte sich Finja, und die Kugel flog über sie hinweg.

Platsch! Die braune Ladung landete mitten im Gesicht von Larissa Lamm.

„Igitt!" Larissa wischte den Dreck ab. „Na warte, Flo! Das zahle ich dir heim!"

„Ich helfe dir!", rief ihr Bruder.

Ohne lange nachzudenken, stapften die Lämmer in den Matsch und bombardierten die Ferkel damit.

Klar, dass Finja und Flo sich wehrten!

Klatsch!, landete eine Matschladung auf Finjas Hals.

Und schlurps!, feuerten Flo und Finja zurück.

Im Handumdrehen sahen alle vier Tierkinder aus wie mit Dreck paniert.

Im Gemüsegarten hatte Frau Schaf inzwischen alles probiert, was auf den Beeten wuchs.

„Vielen Dank, Frau Schwein", sagte sie. „Nun wollen wir einmal nach unseren Kinder sehen."

Doch als Frau Schaf um die Stallecke bog, blieb sie plötzlich fassungslos stehen.

„Einmal Matschkanone für euch!", schrie Ludwig Lamm gerade und schleuderte eine Matschkugel zu den Ferkeln hinüber.

„Matschregen im Anmarsch!", rief Larissa Lamm. Sie hatte sich umgedreht und schaufelte mit den Hinterbeinen Dreck in Richtung der Widersacher.

Doch die Ferkel wussten sich zu wehren. Finja sammelte den Matsch in einer Schale, bevor sie ihn zu den Lämmern hinüberschmetterte. Und Flo war auf eine Leiter geklettert, um seine Matschkugeln abzuschießen.

Frau Schaf schnappte nach Luft.

Mama Schwein dagegen musste lächeln, als sie die fröhlichen, schmutzigen Kinder sah.

„Bitte regen Sie sich nicht auf", sagte sie zu Frau Schaf. „Ihre Kinder werden gleich wieder sauber sein."

Laut rief sie: „Wer hat Lust, im Fluss zu baden?"

Da stürzten alle Tierkinder herbei. Wenig später planschten die vier im Fluss und spritzten sich gegenseitig mit klarem Wasser nass. Im Handumdrehen sahen alle wieder picobello aus.

Frau Schaf atmete auf. Und als sie die leuchtenden Augen ihrer Kinder sah, verkniff sie sich sogar das Schimpfen.

Während sich die Ferkel müde an ihre Mama kuschelten, machte sich Familie Schaf auf den Heimweg.

„Mama, dürfen wir bald wieder mit den Ferkeln spielen?", fragte Larissa unterwegs.

Und Ludwig rief: „Bitte sag Ja!"

Da gab Frau Schaf sich einen Ruck und nickte. Sie liebte zwar die Sauberkeit, aber noch mehr liebte sie ihre Kinder. Und die hatten schon lange nicht mehr so viel Spaß gehabt wie heute.

Emil gehört dazu

Der kleine Esel Emil war neu auf dem Hof. Der Bauer hatte ihn gerade erst auf dem Viehmarkt gekauft. Neugierig spazierte Emil über den Hof und erkundete seine neue Heimat.

Im Kuhstall hatte die Bäuerin gerade die Kühe gemolken. Emil Esel betrachtete die Melkgeschirre und Schläuche.

„Hallo, ihr Kühe!", rief der kleine Esel. „Sagt mal, was fließt denn durch diese Leitungen?"

Käthe Kuh antwortete: „Das ist Kuhmilch. Wir Kühe geben unsere Milch, damit die Menschen sie trinken können."

Ihre Freundin Katja rief: „Auch Butter, Sahne und Jogurt werden aus unserer Milch hergestellt."

„Toll!", staunte Emil. „Also seid ihr sehr wichtige Tiere, stimmt's?"

Käthe Kuh wackelte nachdenklich mit dem Kopf. „Wir sind genauso wichtig wie alle anderen Tiere auf dem Hof", erklärte sie. „Hier hat jedes Tier eine Aufgabe."

Emil lief weiter. Auf der Hühnerwiese entdeckte er einige Hennen, die in der Erde scharrten.

„Hallo, ihr Hühner!", rief Emil. „Habt ihr auch eine wichtige Aufgabe?"

„Na klar!", gackerte Hilde Huhn. „Wir legen jede Menge Eier. Ohne uns könnten die Menschen keine Frühstückseier essen und keine Pfannkuchen backen."

Als Nächstes kam Emil Esel bei Familie Schaf vorbei. Mama Schaf und ihre Kinder lagen auf der Weide und dösten.

„Guten Tag", begrüßte Emil die Schafe. „Bitte erzählt mir, was ihr für die anderen tut!"

Frau Schaf hob den Kopf. „Wir geben den Menschen unsere Wolle", erklärte sie. „Ohne uns gäbe es keine warmen Wollsocken und keine Pullover."

Von Frau Ziege erfuhr der kleine Esel, dass die Menschen gerne Ziegenkäse essen. Der Hofhund Hannes zeigte ihm, wie er mit lautem Bellen den Hof und seine Bewohner beschützte. Und die Pferde dienten den Menschen als Reittiere.

Der kleine Esel war ratlos. Wenn sich hier jedes Tier nützlich machte, was war dann mit ihm? Welche Aufgabe konnte er übernehmen? Er wollte so gerne auch mithelfen. Aber er konnte keine Milch geben und keine Eier legen. Sein Fell eignete sich nicht für die Herstellung von Wolle. Und von Eselskäse hatte er auch noch nie etwas gehört.

Emil dachte nach. Vielleicht konnte er ja bellen und dem Hund bei seiner Arbeit helfen? Aber sosehr Emil sich auch bemühte – sein „I-Ah" wollte und wollte einfach nicht wie Hundegebell klingen.

Der kleine Esel ließ den Kopf hängen. Da sah er, dass auf dem Hof gerade einige Reiter die großen Pferde bürsteten.

Hoffnungsvoll trabte der Esel zu ihnen hinüber. Wer sagte denn, dass man nur auf Pferden reiten konnte?

Die Reiter streichelten Emil freundlich, doch keiner von ihnen wollte auf einem Esel reiten. Niedergeschlagen trottete Emil auf die Wiese neben dem Reitplatz. Eine Zeit lang sah er zu, wie die Pferde ihre Runden drehten und mit ihren Reitern über bunte Hindernisse sprangen.

Nicht weit von Emil saß ein Junge auf der Wiese und zupfte gelangweilt an den Grashalmen herum.

„Ich will auch mal reiten!", rief der Junge seiner Mutter zu, als sie auf einem großen Braunen an ihm vorbeitrabte. „Bitte, Mama, ich wünsche es mir so sehr!"

„Aber Janosch", meinte die Mutter. „Dafür bist du doch noch viel zu klein."

Der Junge sprang auf und rief: „Das stimmt doch gar nicht!"

Doch die Mutter war schon weitergeritten.

Der kleine Esel betrachtete den Jungen und das Pferd, auf dem die Mutter ritt. Tatsächlich war der Braune sehr viel größer als der Junge. Aber Emil wusste, wer genau die richtige Größe für den Jungen hatte: nämlich er selbst!

Ganz langsam ging Emil zu Janosch hinüber. Schritt für Schritt, denn er wollte den Jungen nicht erschrecken.

„He, wer bist du denn?" Janoschs Augen leuchteten, als er Emil bemerkte.

Der Esel stupste ihn mit seiner weichen Nase an. Janosch streichelte sein weiches Fell, und Emil genoss die Berührung. Janoschs Hände fühlten sich schön warm und weich an.

„Du bist aber nett!", sagte der Junge und schlang beide Arme um Emils Hals.

Das sah der Bauer, der in diesem Moment über den Hof kam. Er hatte den Esel auf dem Viehmarkt gekauft, weil ihm sein flauschiges Fell und seine großen Augen gefallen hatten. Aber er hatte nicht so recht gewusst, was er eigentlich mit dem Esel anfangen sollte. Jetzt, wo der Bauer den kleinen Esel mit dem Jungen sah, hatte er eine Idee.

Als später noch weitere Reiter mit ihren Kindern auf den Hof kamen, führte der Bauer die Kinder zu dem freundlichen Eselchen.

„Das ist Emil", sagte der Bauer. „Mit ihm könnt ihr von nun an spielen, während eure Eltern reiten."

„Oh, ist der süß!", rief ein Mädchen.

„Dürfen wir ihn streicheln?", wollte ein Junge wissen.

„Und bürsten?", erkundigte sich ein anderer.

„Aber natürlich." Der Bauer nickte.

Janosch fragte mit klopfendem Herzen: „Können wir auch ein bisschen auf ihm reiten?"

Der Bauer zögerte. Da nickte der Esel deutlich mit dem Kopf. Er hatte schon oft beobachtet, dass die Menschen so Ja sagten.

Als er das sah, musste der Bauer lachen. „Ich glaube, unser Emil ist ganz besonders klug", sagte er. „Wenn eure Eltern einverstanden sind, dann könnt ihr meinetwegen auch auf ihm reiten. Aber wechselt euch immer schön ab! Jedes Kind reitet zwei Runden um die Wiese, dann ist der Nächste dran."

Daran hielten sich die Kinder gerne. Und nachdem die Eltern sich von der Gutmütigkeit des kleinen Esels überzeugt hatten, konnte Emil endlich seine neue Aufgabe auf dem Hof übernehmen.

Janosch war der Erste, der auf dem kleinen Esel reiten durfte. Natürlich zeigte Emil sich von seiner besten Seite und trug seinen Reiter ganz brav um die Wiese.

Von diesem Tag an wusste der Bauer, dass er Emil vertrauen konnte. Und Janosch wusste es auch!

So hatte Emil seine Aufgabe auf dem Bauernhof gefunden: Ab sofort war er für die Betreuung der Kinder zuständig. Und es ist schwer zu sagen, wer dabei mehr Spaß hatte: der Esel oder die Kinder?

Die Wunschfee

„Schaut mal, ich habe ein neues Halfter!" Das Fohlen Flicka tänzelte stolz durch den Stall.

Die anderen Pferde wieherten anerkennend. Das Kälbchen Klara kam von draußen herein, um Flickas neuen Kopfschmuck zu bewundern. Und die kleine Maus Mara sprang auf einen Strohballen, um sich das Halfter aus der Nähe anzusehen.

Es war wirklich schön! Aber der Anblick machte Mara auch ein bisschen traurig. Denn soweit sie wusste, gab es für Mäuse keine Halfter.

Als Mara kurz darauf über den Hof spazierte, sah sie den Kater Konrad in einem nagelneuen Katzenkorb liegen. Mara schluckte. Der Korb sah schön gemütlich aus. Aber von einem Mäusekorb hatte sie noch nie etwas gehört.

Mit hängenden Ohren lief Mara weiter. Bald kam sie bei Zilla Ziege vorbei.

„Hallo, Mara!", rief die Ziege mit meckernder Stimme. „Hast du schon mein neues Halsband gesehen?"

Das Halsband war bunt gestreift. Es gefiel Mara sehr gut.

„Der Bauer war gestern auf dem Markt", berichtete die Ziege. „Er hat vielen Hoftieren etwas mitgebracht."

Zilla merkte, dass die kleine Maus ganz niedergeschlagen aussah.

„Oje", sagte sie. „Hast du etwa nichts bekommen? Mach dir nichts draus! Ich glaube, für Mäuse gibt es nicht viel zu kaufen."

Mara Maus warf den Kopf in den Nacken. „Mir ist das sowieso egal", behauptete sie. „Wenn ich etwas haben möchte, dann wünsche ich es mir einfach von der Wunschfee."

Zilla Ziege lachte. „Ha, ha!", meckerte sie laut. „Wunsch-feen gibt es nicht. Das weiß doch jeder."

„Was verstehst du schon davon?", rief Mara. Schnell huschte sie zu den Baumwurzeln hinüber, unter denen sie mit ihrer Familie lebte.

An diesem Abend war Mara ziemlich still.

„Was ist denn los mit dir?", fragte ihre Mutter. „Hast du dich mit jemandem gestritten? Oder hat Kater Konrad dich wieder über den Hof gejagt?"

„Nein, nein." Mara schüttelte den Kopf. „Weißt du, Mama, der Bauer hat vielen Tieren neue Sachen mitgebracht. Flicka hat ein neues Halfter bekommen, Konrad einen Katzenkorb und Zilla ein Halsband. Nur wir Mäuse gehen immer leer aus."

Frau Maus sagte: „Aber das Halsband wäre doch viel zu groß für dich und das Halfter erst recht. Und wie sollten wir so einen riesigen Katzenkorb in unserer Wohnung unterbringen?"

„Du hast ja recht", seufzte Mara. „Trotzdem wäre es toll, wenn es Wunschfeen gäbe."

Ihre Mutter lächelte. „Was würdest du dir denn wünschen, wenn heute Nacht eine Wunschfee bei dir vorbeikäme?"

Mara musste nicht lange nachdenken. „Als Erstes würde ich mir wünschen, dass Kira zu Besuch kommt."

Kira Kaninchen war Maras beste Freundin. Doch leider war sie vor Kurzem in einen anderen Stall umgezogen. Seitdem hatten sich die beiden nicht mehr gesehen.

„Und welchen Wunsch könnte die Fee dir sonst noch erfüllen?", fragte Mama Maus.

Mara antwortete: „Ein leckeres Essen wäre toll. Und vielleicht noch ein Ausflug in den Wald!" Sie gähnte.

„Außerdem würde ich so gerne einmal etwas ganz Besonderes finden", murmelte Mara noch. Doch da war sie auch schon eingeschlafen.

„Gute Nacht, mein Schätzchen!" Mama Maus drückte ihrer Tochter einen Kuss auf die Nase. Dann huschte Frau Maus eilig davon. Sie hatte heute noch einiges zu erledigen!

Es war schon spät in der Nacht, als Frau Maus nach Hause zurückkehrte. Sie hatte alles vorbereitet, was für den nächsten Tag nötig war. Zuerst war sie bei Kiras Mama gewesen und hatte Kira für morgen eingeladen. Dann hatte sie zwei reife Birnen herbeigeschleppt und schließlich am alten Steinbruch im Mondschein nach Edelsteinen gesucht. Jetzt sank sie müde, aber zufrieden in einen tiefen Schlaf.

Am nächsten Morgen wachte Mara Maus gut gelaunt auf. Die Sonne schien, und ein leichter Wind strich übers Land. Die kleine Maus war gerade mit dem Frühstück fertig, als sie eine vertraute Stimme hörte.

„Hallo, Mara!" Mit großen Sätzen hoppelte das Kaninchen Kira auf Mara zu.

„Hallo, Kira!", rief Mara erstaunt. „Toll, dass du mich besuchst!"

Übermütig hopsten die Freundinnen über die Wiese.

Mara sagte: „Komm schnell mit zum Teich! Vor ein paar Tagen sind die Küken von Frau Ente geschlüpft."

Am Teich betrachteten sie die flauschigen Entenküken.

Nanu! Am Ufer des Teichs wartete die nächste Überraschung: Dort stand Mama Maus mit zwei saftigen Birnen.

„Ich liebe Birnen!", jubelte Mara. Gemeinsam mit Kira ließ sie es sich schmecken.

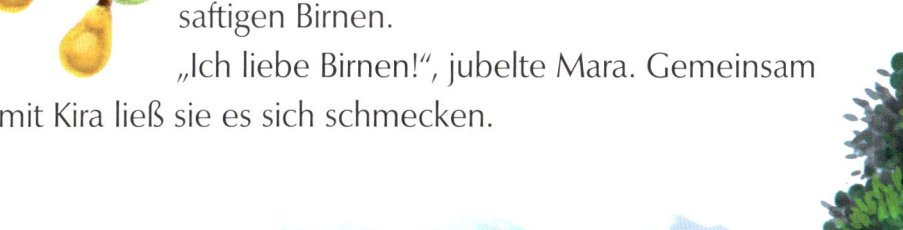

Nun rief Mama Maus: „Habt ihr Lust auf einen Ausflug zur Schmetterlingslichtung?"

Vor Freude sprang Mara mit allen vieren in die Luft.

„Zur Schmetterlingslichtung?", wiederholte sie.

„Ist das dein Ernst?"

„Aber sicher." Mama Maus nickte.

Mara sagte: „Dort wollte ich schon immer mal hin! Bitte, Kira, sag auch Ja."

„Na klar", meinte das Kaninchen. „Ich komme gerne mit."

Die Tierkinder machten sich mit Mama Maus auf den Weg. Bald erreichten sie eine große Lichtung mitten im Wald. Kira und Mara staunten. Was es hier alles zu sehen gab! Sie beobachteten bunte Schmetterlinge und prächtige Vögel.

Bald wagten sich zwei kleine Rehe aus dem Unterholz und spielten mit Kira und Mara Verstecken. Als die Rehmutter ihre Kinder nach Hause rief, entdeckten die Maus und das Kaninchen am Rand der Lichtung einen kleinen Bach.

„Komm, wir legen einen See an!", rief Kira und begann gleich in der Erde zu buddeln.

Eifrig machte Mara mit. Bald hatten die Freundinnen das Wasser aus dem Bach so gestaut, dass ein kleiner Teich entstanden war.

Auch Mama Maus kam näher und betrachtete den Teich. Dabei ließ sie unbemerkt einen Edelstein ins Wasser gleiten.

Plötzlich sah Mara etwas im Sonnenlicht schimmern.

„Sieh mal, Kira!", rief sie. „Da ist ein Edelstein!"

Die beiden betrachteten den prächtig schillernden Stein.

„So einen hätte ich auch gerne", seufzte Kira.

Gemeinsam suchten die Freundinnen das Bachufer ab. Sie merkten nicht, dass Mama Maus voraushuschte und leise noch einen Kristall in den Bach fallen ließ ...

Und siehe da, bald fand Mara auch den zweiten Edelstein, der genauso zauberhaft aussah wie der erste.

„Hier, der ist für dich", sagte Mara und reichte ihrer Freundin den Stein.

Kira strahlte. „Vielen Dank! Der Stein wird mich immer an diesen tollen Tag erinnern."

„Weißt du, was seltsam ist?", sagte Mara. „Gestern Abend habe ich meiner Mama erzählt, was ich mir von einer Wunschfee wünschen würde. Und heute geht ein Wunsch nach dem anderen in Erfüllung. Ob es wohl wirklich Wunsch-feen gibt?"

Auf diese Frage wusste auch Kira keine Antwort.

Inzwischen war es Abend geworden. Auf dem Heimweg brachten Mama Maus und Mara das Kaninchen-Mädchen nach Hause.

„Hallo, Mama!", rief Kira. „Stell dir vor, wir waren im Wald, und Mara hat zwei echte Edelsteine gefunden! Ich wünsche mir jetzt auch was von der Wunschfee – nämlich, dass Mara mich ganz bald besucht."

Mama Maus zwinkerte Kiras Mama zu. „Bestimmt hast du Glück, und auch dein Wunsch geht in Erfüllung", meinte sie.

Frau Kaninchen zwinkerte zurück.

An diesem Abend war Mara Maus nicht nur sehr müde, sondern auch sehr zufrieden.

„Das war ein richtiger Glückstag", sagte sie vor dem Ein-schlafen und kuschelte sich an ihre Mutter. „Morgen Früh muss ich Zilla Ziege gleich erzählen, dass es sehr wohl Wunschfeen gibt!"

Mama Maus gähnte und meinte: „Gute Nacht, mein Schatz!"

An diesem Abend war Frau Maus ausnahmsweise vor ihrer Tochter eingeschlafen. Denn es war ganz schön anstrengend, einen Tag lang Wunschfee zu spielen!

Die Tier-Detektive

Nanu, was war heute Morgen auf dem Bauernhof los? Irgendetwas stimmte nicht. Obwohl die Sonne schon hoch am Himmel stand, hatten die Tiere immer noch kein Frühstück bekommen.

Im Hühnerstall zankten die Hennen um ein paar Strohhalme. Immer wieder lauschten sie nach draußen, doch die vertrauten Schritte der Bäuerin waren nicht zu hören.

Der Hofhund Hasso bellte laut. Hatte die Bäuerin etwa verschlafen?

Im Pferdestall klopften die Pferde mit den Hufen gegen die Boxentüren. Sie wollten hinaus auf die Weide. Doch auch hier erschien die Bäuerin nicht.

Da, endlich tauchte sie im Pferdestall auf. Aber statt den Tieren wie sonst lächelnd einen Guten Morgen zu wünschen, rauschte sie wütend herein.

„War einer von euch heute Nacht in meinem Gemüsegarten?", fragte die Bäuerin.

Die Pferde blickten sich ratlos an. Die Katze Katinka sprang erschrocken davon.

Die Bäuerin hatte schlechte Laune, so viel stand fest. Aber warum?

Die Herdenchefin Panja schnaubte beruhigend und schüttelte den Kopf. Das hieß so viel wie: „Keiner von uns war im Gemüsegarten."

Die Bäuerin, die ihre Tiere gut kannte, lächelte die Pferde entschuldigend an. „Na gut, ich glaube euch", sagte sie. „Ihr müsst wissen, dass nachts irgendjemand heimlich in meinem Garten war und die Salatköpfe angeknabbert hat. Ich musste heute Morgen alles wieder in Ordnung bringen deshalb komme ich auch so spät."

Nun öffnete die Bäuerin die Boxentüren, sodass die Pferde auf die Weide laufen konnten.

Im Hühnerstall hatte die Bäuerin nicht mehr Glück. Mit lautem Gackern teilten die Hühner ihr mit, dass sie ebenfalls nicht im Gemüsegarten gewesen waren.

Und auch im Kuhstall wusste niemand von einem nächtlichen Ausflug.

Mit unschuldigen Blicken und einem lautstarken Muh-Konzert versicherten die Kühe, dass sie den Gemüsegarten nicht betreten hatten.

Aber wer dann?

Diese Frage stellten sich die Tiere, als sie sich nachmittags am großen Brunnen im Hof trafen.

„Die Bäuerin ist sehr enttäuscht von uns", berichtete Panja Pferd. „Es ist schon schlimm genug, dass heute Nacht ein Tier in ihrem Garten war. Aber noch schlimmer findet sie es, dass niemand die Tat zugibt. Denn das bedeutet ja, dass einer von uns lügt. Und weil die Bäuerin nicht weiß, wer der Lügner ist, kann sie keinem Tier mehr vertrauen."

Die Hoftiere blickten sich betrübt an. Was sollten sie nur tun? Alle mochten die Bäuerin sehr gerne.

Die Katze Katinka sprang auf einen Strohballen. „Ich finde, das schuldige Tier soll jetzt sofort zugeben, dass es der Gemüsedieb ist!"

Neugierig blickten sich die Schafe, Ziegen und Schweine, die Pferde, Kühe und Hühner an. Doch niemand trat vor und meldete sich.

„Vielleicht war es gar keiner von uns", gab der Hofhund Hasso zu bedenken. „Es kann doch sein, dass ein Waldtier am Salat geknabbert hat."

„Stimmt! Hasso hat recht!", riefen die Tiere durcheinander. Plötzlich hatten alle wieder bessere Laune. Die Vorstellung, dass es keiner von ihnen gewesen war, gefiel allen sehr.

„Kommt, wir suchen im Gemüsegarten nach Spuren!",
schlug Katinka Katze vor. „Bestimmt hat das Tier Fußabdrücke
hinterlassen."

Doch Panja Pferd schüttelte den Kopf. „Für die Spuren-
suche ist es zu spät", berichtete sie. „Die Bäuerin hat den
Garten heute Morgen schon in Ordnung gebracht."

„Dann legen wir uns eben in der kommenden Nacht auf
die Lauer!", meinte die Katze. „Wenn der Gemüsedieb noch
einmal auftaucht, ertappen wir ihn auf frischer Tat."

Damit waren alle einverstanden. Katinka Katze und Hasso
Hund übernahmen die Nachtwache. Als die Sonne unter-
ging, versteckten sich die beiden im Gemüsegarten.

Allmählich wurde es dunkel. Eine unheimliche Stille breitete sich auf dem Hof aus. Nur der Ruf eines Käuzchens war noch zu hören. Hasso und Katinka fröstelten. Sie warteten und warteten, doch niemand ließ sich blicken.

Allmählich wurden die Tier-Detektive müde. Außer einigen Fledermäusen, die über ihnen in der Luft kreisten, schien keiner mehr wach zu sein.

Es war tief in der Nacht, als die Freunde plötzlich am Rand des Gartens ein Rascheln hörten. Der Hund und die Katze hielten die Luft an. Wer schlich dort durchs Gehölz?

Da huschten zwei kleine Wesen durch die Dunkelheit und machten sich gierig über den Salat der Bäuerin her.

Katinka und Hasso trauten ihren Augen kaum: Es waren zwei fremde Meerschweinchen!

„Vor diesen Winzlingen brauchen wir uns jedenfalls nicht zu fürchten", stellte Katinka fest.

Hasso flüsterte: „Am besten redest du mit ihnen. Vor mir haben sie bestimmt Angst, weil ich so groß bin."

Katinka trat leise aus ihrem Versteck.

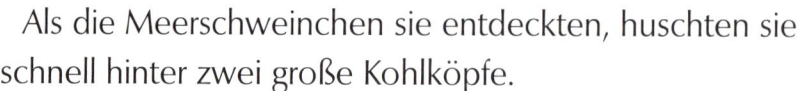
Als die Meerschweinchen sie entdeckten, huschten sie schnell hinter zwei große Kohlköpfe.

„Hallo, ihr zwei", sagte die Katze freundlich. „Ihr braucht keine Angst zu haben. Bitte kommt raus, ich möchte mit euch sprechen."

Zögernd wagten sich die Meerschweinchen hinter den Kohlköpfen hervor.

„Mein Name ist Katinka", stellte sich die Katze vor. „Ich lebe zusammen mit vielen anderen Tieren auf diesem Hof. Und wer seid ihr?"

„Ich bin Mimi Meerschwein", piepste das strubbelige Schweinchen.

„Und ich heiße Moritz", erklärte das Meerschweinchen mit dem glatten Fell.

Katinka sagte: „Wir freuen uns immer über Besuch. Aber dieser Garten gehört unserer Bäuerin, und sie mag es gar nicht, wenn jemand heimlich ihren Salat frisst."

„Es tut uns leid", fiepte Mimi Meerschweinchen.

„Aber wir hatten solchen Hunger", klagte Moritz.

„Wieso denn das?", erkundigte sich Katinka. „Geben eure Besitzer euch denn nicht genug Futter?"

Die Meerschweinchen blickten sich traurig an.

„Wir haben kein Zuhause mehr", erklärte Moritz. „Unsere Besitzer haben uns einfach am Waldrand freigelassen, bevor sie in die Ferien gefahren sind."

„Oje, ihr Armen!", rief die Katze.

Nun kam auch Hasso Hund aus seinem Versteck. „Bitte fürchtet euch nicht", sagte er. „Ich tue euch nichts! Ich möchte euch nur etwas erzählen. Als ich ein junger Hund war, erging es mir ähnlich wie euch. Leider denken viele Menschen nicht nach, bevor sie sich Tiere kaufen. Wenn sie dann merken, dass so ein Tier Arbeit macht, setzen sie es einfach irgendwo aus."

Der Hofhund machte eine kurze Pause, bevor er fortfuhr. „Auch meine früheren Besitzer wollten mich eines Tages nicht mehr behalten. Zum Glück bin ich dann auf diesen Bauernhof gekommen und habe hier ein neues Zuhause gefunden."

Die Meerschweinchen sahen Hasso und Katinka hoffnungs-
voll an.

„Meint ihr, wir können auch hierbleiben?", fragte Mimi.

Katinka sagte: „Ich glaube schon. Bestimmt hat die Bäuerin
noch Platz in ihrem Kleintiergehege."

Auch Hasso nickte zuversichtlich.

„Wenn wir regelmäßig Futter bekommen, stibitzen wir auch
keinen Salat mehr", versicherte Moritz.

„Versprochen!", rief Mimi.

Katinka und Hasso glaubten den beiden.

Als die Bäuerin am nächsten Morgen aus dem Haus kam,
staunte sie nicht schlecht. Vor der Türe saßen zwei Meerschweinchen mit einigen angeknabberten Salatblättern.

„Nanu, seid ihr etwa die Gemüsediebe?", fragte die Bäuerin
und streichelte die Meerschweinchen. Dabei spürte sie, wie
dünn die beiden unter ihrem flauschigen Fell waren.

„Oje, ihr seid ja ganz ausgehungert!", sagte die Bäuerin.
„Passt auf, ich setze euch in unser Kleintiergehege. Dort
könnt ihr euch erst einmal richtig satt essen."

Bald darauf mümmelten die Meerschweinchen zufrieden
Gurken und Möhren.

Während sich Hasso Hund und Katinka Katze von ihrem
nächtlichen Detektiv-Einsatz erholten, rief die Bäuerin beim

Tierheim und bei allen Tierärzten in der Umgebung an. Doch niemand wusste von zwei Meerschweinchen, die vermisst wurden. Also durften Mimi und Moritz für immer auf dem Bauernhof bleiben. Sie waren überglücklich. Hier bekamen sie nicht nur genug Futter, sondern auch jede Menge Streicheleinheiten. Dafür sorgten die Kinder auf dem Hof! Die Bäuerin aber war sehr froh darüber, dass alle Hoftiere die Wahrheit gesagt hatten. Und den fehlenden Salat pflanzte sie einfach noch einmal an.

Schwesternalarm!

„Wann ist es denn endlich so weit?", fragte Frederick Fohlen bestimmt zum hundertsten Mal.

Doch das wusste seine Mutter auch nicht so genau.

„Wir müssen uns noch etwas gedulden", antwortete sie deshalb meistens. Oder manchmal auch: „Lassen wir uns überraschen!"

Aber Frederick wollte sich nicht mehr gedulden. Und auf die Überraschung wartete er nun schon seit Monaten. Langsam hatte er genug davon!

Während seine Mama immer runder wurde, hoffte Frederick jeden Tag auf die Geburt seines kleinen Geschwisterchens. Aber das Fohlen in Mamas Bauch ließ sich jede Menge Zeit. Manchmal fürchtete Frederick, es würde für immer da drinnen bleiben. Dabei freute er sich so darauf, das Kleine kennenzulernen! Aber das dauerte und dauerte ...

Frederick hatte die Hoffnung schon fast aufgegeben, als seine Mama ihn eines Tages ganz früh am Morgen weckte.

„Deine kleine Schwester ist da!", sagte Petra Pferd leise. „Willst du sie sehen?"

Und ob Frederick wollte! Blitzschnell sprang er auf und trabte zu dem kleinen Pferdekind hinüber, das sich gerade aufrappelte und nun auf wackeligen Beinen dastand.

„Das ist deine Schwester Fiona", erklärte die Pferdemutter.

Frederick wieherte leise. Fiona knabberte mit ihren weichen Lippen ein bisschen an seinem Hals herum – genau da, wo Frederick kitzelig war. Da musste er lachen. Fiona sprang erschrocken zurück und wäre beinahe über ihre eigenen Beine gestolpert. Doch sie fiel nicht hin, sondern lief gleich wieder auf Frederick zu. Mit dem Maul massierte er ganz vorsichtig Fionas Hals. So zeigen sich Pferde, dass sie sich mögen.

Nun hatte Fiona aber erst einmal Durst und stärkte sich mit frischer Mamamilch. Anschließend ließ sich das Fohlen einfach ins Gras fallen und war in der gleichen Sekunde eingeschlafen.

Frederick betrachtete sein schlafendes Schwesterchen. Insgeheim hatte er sich zwar einen Bruder gewünscht, aber die kleine Fiona war auch in Ordnung. Er konnte es kaum erwarten, ihr den Bach am Rand der Pferdeweide zu zeigen und den Apfelbaum, der im Spätsommer so herrlich saftige Früchte trug.

Doch daraus wurde erst mal nichts. Fiona lag stundenlang im Gras und schlief. Und wenn sie dann aufwachte, drängten sich pausenlos irgendwelche Besucher um sie.

Alle wollten das neugeborene Fohlen sehen: Käthe Kuh und Sonja Schwein, Sigrun Schaf und Hasso Hund. Doch das war noch nicht alles.

Auch der Bauer und die Bäuerin, die Nachbarskinder, der Tierarzt und der Hufschmied kamen die kleine Fiona besuchen.

„Was für ein prächtiges Fohlen!", hörte Frederick immer wieder. Und: „Seht nur, wie niedlich es aussieht! Und was für eine herrliche Farbe es hat!"

Am schlimmsten war aber, dass Fredericks Mama sich Tag und Nacht um die kleine Fiona kümmerte. Ständig sah Petra Pferd nach, ob Fiona noch schlief, ob sie fror, ob sie zu viel Sonne abbekam, ob sie vielleicht Hunger hatte oder Bauchweh oder sonst irgendetwas.

Wenn Frederick zwischendurch einmal mit seiner Schwester spielte, bekam er ununterbrochen Ermahnungen zu hören. „Pass auf, sie ist doch noch so klein!" oder „Sei nicht so wild!" oder „Merkst du denn nicht, dass ihr das zu viel ist?"

Und wer interessierte sich noch dafür, wie es Frederick ging? Seit Fiona da war, fühlte sich der Pferdejunge völlig überflüssig. Dabei war er doch erst zwei Jahre alt und brauchte seine Mama auch noch ganz dringend! Doch Frederick hatte das Gefühl, dass niemand mehr etwas von ihm wissen wollte.

Eines Tages beschloss er schweren Herzens, seine Familie zu verlassen und sich ein neues Zuhause zu suchen irgendwo, wo man ihn brauchen konnte und wo er geliebt wurde.

Frederick wartete bis zur Abenddämmerung. Zu dieser Zeit gingen die Pferde immer hinunter zum Bach, um dort ihren Durst zu stillen. Diesmal kam Frederick nicht mit.

Niemand merkte, dass er Anlauf nahm und mit einem großen Satz über den Weidezaun sprang. Der Pferdejunge sah sich noch einmal nach den anderen um. Doch die hatten überhaupt nicht mitbekommen, dass er fehlte.

Frederick schluckte. Wenn Fiona verschwunden wäre, hätte seine Mutter das sofort bemerkt.

Traurig trabte der Pferdejunge davon. Bald erreichte er den Waldrand. Eine Eule flog lautlos durch die Luft. Frederick sehnte sich nach dem Schutz seiner Herde. Doch er war fest entschlossen, nicht umzukehren.

Während Frederick sich nach einem Schlafplatz umsah, knackte es neben ihm im Gebüsch. Erschrocken fuhr er zusammen.

Ein Fuchs schlich aus dem Unterholz. „Nanu?", sagte er. „Bist du etwa ganz allein unterwegs?"

Frederick zögerte. Der Fuchs war zwar viel kleiner als er, aber der Pferdejunge wusste, dass Füchse Raubtiere sind.

Also behauptete er schnell: „Meine Familie kommt gleich nach." Mit einer ganzen Pferdefamilie würde sich der Fuchs bestimmt nicht anlegen!

Inzwischen war der Mond aufgegangen und tauchte die Landschaft in silbriges Licht. Hier oben am Waldrand ging ein kühler Wind. Frederick fror. Aber er wollte sich nicht ins wärmende Gebüsch zurückziehen. Denn dort lauerte womöglich der Fuchs.

Der Pferdejunge hatte Durst. Sehnsüchtig dachte er an das frische Wasser aus dem Bach. Dabei fiel ihm seine Mutter ein. Ob sie wohl inzwischen gemerkt hatte, dass Frederick nicht mehr da war?

Er legte sich ins kühle Gras. Doch an Schlaf war nicht zu denken. Immer wieder raschelte es in seiner Nähe. Eine kleine Waldmaus kam vorbei und später ein paar Wildschweine.

Frederick seufzte. Er versuchte sich sein neues Zuhause auszumalen. Der Pferdejunge stellte sich einen schönen Bauernhof mit großen Pferdeweiden vor.

Doch sosehr er sich bemühte, nicht an seine alte Heimat zu denken es gelang ihm einfach nicht. Also beschloss er, an gar nichts mehr zu denken. Er hörte den Ruf eines Käuzchens und sah einige Fledermäuse in der Luft kreisen. Irgendwann fielen ihm dann doch die Augen zu.

Frederick schreckte hoch, weil ihn etwas Warmes, Weiches am Hals berührte. Erschrocken sprang er auf. Sein Herz pochte ganz laut.

Nanu! Vor Frederick stand die kleine Fiona. Zärtlich knabberte sie an seinem Hals. Das kitzelte!

Frederick musste lachen. Er war so froh, nicht mehr allein zu sein!

Nun kam Mama Pferd angetrabt.

„Frederick!", rief sie erleichtert. „Ein Glück, Fiona hat dich gefunden!"

„Du bist ja ganz kalt", stellte die Pferdemutter fest. „Weshalb bist du nur weggelaufen? Wir haben uns solche Sorgen gemacht."

Frederick zögerte. „Ich war so traurig", berichtete er. „Seit Fiona da ist, dreht sich alles nur um sie. Ich bin dir doch gar nicht mehr wichtig."

„Aber Frederick!", rief Mama Pferd bestürzt. „Natürlich bist du mir wichtig. Ich habe dich genauso lieb wie deine Schwester!"

Frederick zögerte. Da stupste Fiona ihn mit ihrer weichen Nase an.

„Fiona hat dich so sehr vermisst", berichtete Mama Pferd. „Sie war ganz verzweifelt, als du verschwunden warst. Stundenlang ist sie am Zaun auf und ab gelaufen und hat gewiehert. Und dann ist sie einfach unter dem Zaun hindurchgeschlüpft und losgelaufen, um dich zu suchen."

„Ehrlich?", fragte Frederick und spürte eine warme Welle von Bruderliebe in sich aufsteigen.

„Kommst du nun wieder mit nach Hause?" Petra Pferd sah ihren Sohn bittend an.

Fiona schnappte sich die Mähne ihres großen Bruders und zog kräftig daran.

„Autsch!", protestierte Frederick. „Das tut weh!"

Seine Mutter lachte. „Fiona möchte nur, dass du mit uns heimkehrst."

Und so war es auch. Sobald Frederick die ersten Schritte in Richtung Bauernhof gegangen war, ließ seine Schwester die Mähne los.

Auf dem Heimweg versprach Frederick seiner Mutter, nie wieder wegzulaufen. Und seine Mama versprach ihm, von nun an wieder jeden Tag mit ihm zu spielen.

Als sie zu Hause ankamen, war der Pferdejunge sehr erleichtert. Nachdem er am Bach seinen Durst gestillt hatte, legte er sich neben Fiona, die bereits tief und fest schlief.

Es war schön, wieder zu Hause zu sein. Und es war gut, dass es Fiona gab!

Die Ferienkinder

„Juhu, heute kommen die Ferienkinder!" Kim Kaninchen hüpfte fröhlich über die Wiese. „Ist das nicht toll? Ich wette, mit den beiden können wir jede Menge Spaß haben!"

Doch Gabi Gans winkte ab. „Vergiss es!", meinte sie. „Diese Nervensägen waren im letzten Sommer auch schon hier. Sie haben pausenlos an allem herumgemeckert. Der Hof war ihnen zu schmutzig, der Trecker zu groß, der Stall zu muffig und wir Gänse zu laut. So ging es den ganzen Tag. Die beiden haben sich pausenlos über irgendetwas beschwert."

„Das stimmt", bestätigte Sonja Schwein. „Wir waren heilfroh, als sie endlich wieder abgereist sind."

Käthe Kuh verzog das Gesicht. „Das Mädchen hat sich darüber kaputtgelacht, dass wir Kühe ständig kauen", erzählte sie. „Aber wir sind nun mal Wiederkäuer und müssen unsere Nahrung gründlich zerkleinern."

Zilla Ziege kicherte. „Wisst ihr noch, was für ein Theater diese Anna gemacht hat, als sie einmal aus Versehen in einen Kuhfladen getreten ist?"

„Und ob!", rief Sonja Schwein. „Sie hat so laut geschrien, dass alle dachten, es wäre etwas ganz Schlimmes passiert."

„Der Junge ist aber auch nicht besser", meinte Katinka Katze. „Er hat genau vor meiner Nase mit einem kleinen Gummiball gespielt. Da konnte ich nicht anders, als mir den Ball zu schnappen." Die Katze seufzte. „Na, das Geschrei werde ich nie vergessen. Obwohl ich den Ball gleich wieder losgelassen habe, hat der Junge gebrüllt wie am Spieß! Er hat glatt behauptet, ich hätte ihm seinen Ball gestohlen. Dabei wollte ich nur ein bisschen damit spielen."

Kim Kaninchen ließ die Ohren hängen. „Oje", sagte sie. „Wenn das so ist, werde ich den Ferienkindern wohl besser aus dem Weg gehen."

In diesem Augenblick rollte ein Auto auf den Hof. Eine Frau und zwei Kinder stiegen aus.

„Hallo, Onkel Balduin!", riefen die Kinder und rannten auf den Bauern zu.

„Hallo, Anna! Hallo, Tom!", erwiderte der Bauer. „Schön, dass ihr da seid!" Nun begrüßte er auch die Frau.

„Ich glaube, das ist seine Schwester", sagte Hasso Hund, der mit vielen anderen Tieren aus dem Stall lugte und alles beobachtete.

Auf dem Hof verabschiedete sich die Frau von den Kindern und stieg wieder ins Auto. Die Geschwister liefen mit dem Bauern zum Haus hinüber.

Da entdeckte Anna auf einmal Kim, die neugierig hinter den Menschen herhoppelte.

„Oh, wie süß!", rief sie. „Du hast ja ein neues Kaninchen, Onkel Balduin! Darf ich es mal auf den Arm nehmen?"

Der Bauer lachte. „Du kannst es gerne versuchen", meinte er.

„Juhu!" Das Mädchen wirbelte herum und rannte auf Kim zu.

Das kleine Kaninchen bekam einen riesigen Schrecken. Blitzschnell sauste es davon und versteckte sich unter einem Busch. Kims Herz klopfte bis zum Hals.

„So was Blödes!", hörte sie das Mädchen rufen. „Das Kaninchen ist ja total scheu!"

Da hatte Kim plötzlich eine Idee. Eilig trommelte das Kaninchen die anderen Hoftiere zusammen.

„Hört mal alle her!", rief Kim. „Ihr wisst ja, dass Tom und Anna ihre Ferien hier verbringen."

Ein zustimmendes Murmeln ging durch die Menge.

Kim holte tief Luft. „Was haltet ihr davon, wenn wir den beiden beibringen, wie man richtig mit Tieren umgeht?"

Die anderen blickten das Kaninchen fragend an.

„Wie willst du das denn anstellen?", erkundigte sich Sonja Schwein.

Kim antwortete: „Ich glaube, die Kinder wissen einfach nicht viel über Tiere, und deshalb verstehen sie uns nicht. Überlegt doch mal. Das Mädchen fand das Kauen der Kühe komisch, und der Junge hat sich geärgert, weil Katinka sich seinen Ball geschnappt hat. Aber für eine Kuh ist es ganz normal, viel zu kauen.

Und Katzen haben nun mal einen starken Jagdinstinkt und verfolgen deshalb alles, was sich schnell bewegt."

„Das stimmt", meinte Käthe Kuh.

Auch die anderen nickten zustimmend.

„Gerade eben wollte Anna mich auf den Arm nehmen", berichtete Kim. „Aber als sie auf mich zugestürmt ist, habe ich Angst bekommen und bin davongelaufen."

„Das verstehe ich gut", sagte Moritz Meerschweinchen.

„Wir kleinen Tiere können in der Natur ja nur dann überleben, wenn wir rechtzeitig vor Gefahren wegrennen."

„Genau!" Kim nickte. „Aber das wissen die Ferienkinder nicht." Sie machte eine kurze Pause, bevor sie fortfuhr. „Deshalb schlage ich vor, dass wir für Tom und Anna eine kleine Tierschau veranstalten. Dabei kann jedes Tier zeigen, wie es sich von Natur aus verhält."

„Au ja!" – „Gute Idee!", riefen die anderen durcheinander.

Nur Katinka Katze wackelte zweifelnd mit dem Kopf. „Ich weiß nicht, ob das klappt", meinte sie. „Vielleicht interessieren sich die Kinder gar nicht dafür."

„Lass es uns doch ausprobieren!", rief Kim. „Ich bin fast sicher, dass sie besser mit uns umgehen, wenn sie erst mal mehr über uns wissen."

Katinka nickte zögernd. „Also gut", sagte sie. „Ich bin dabei."

„Super!" Kim machte vor Freude einen Luftsprung. „Was haltet ihr davon, wenn wir die Kinder morgen Früh mit einer kleinen Vorführung überraschen? Und bis dahin überlegt sich jeder von uns, was er ihnen zeigen möchte?"

Damit waren alle einverstanden.

Am nächsten Morgen waren die Tiere wie immer früh wach. Aber wo blieben nur Anna und Tom? Die Sonne war schon längst aufgegangen, als Katinka Katze durch die Fenster ins Bauernhaus spähte.

„Die Kinder sind gerade aufgestanden", berichtete sie. „Es kann nicht mehr lange dauern, bis sie aus dem Haus kommen."

Die Tiere stellten sich im Hof auf. Endlich wurde die Haustüre geöffnet, und der Bauer kam mit Anna und Tom heraus.

„Nanu?", wunderte er sich, als er all die Tiere sah. „Was ist denn hier los?"

Als Erstes trat Pascha Pferd vor. Wie verabredet schoss plötzlich der Hofhund Hasso auf ihn zu. Pascha warf sich erschrocken herum und galoppierte davon. Weil er aber Hunger hatte, blieb er bald wieder stehen, um ein bisschen zu grasen. Die Kinder hatten alles genau beobachtet.

„Warum ist das Pferd denn weggelaufen?", wollte Anna von ihrem Onkel wissen.

„Pferde sind Fluchttiere", erwiderte der Bauer. „In der freien Wildbahn müssen sie blitzschnell davonrennen, wenn sich ein Raubtier nähert."

Annas Onkel fuhr fort: „Deshalb erschrecken Pferde leicht – nicht nur vor anderen Tieren, sondern auch vor uns Menschen, wenn wir plötzlich in ihrer Nähe auftauchen."

Anna fragte: „Und wie kann ich auf ein Pferd zugehen, ohne es zu erschrecken?"

„Das ist nicht schwer", antwortete der Bauer. Er nahm Anna bei der Hand und ging mit ihr auf Pascha Pferd zu.

„Hallo, Pascha!", sagte er freundlich. „Du weißt ja, dass du von uns nichts zu befürchten hast."

Pascha hob den Kopf und schnupperte an Anna.

Das Mädchen lachte. „He, das kitzelt!" Dabei achtete sie darauf, keine schnellen Bewegungen zu machen.

„So ist es richtig", lobte ihr Onkel. „Pferde mögen es, wenn wir ganz ruhig auf sie zugehen und mit ihnen sprechen, damit sie uns frühzeitig bemerken und keinen Schrecken bekommen."

Vor dem Haus spielte Katinka Katze inzwischen mit einer reifen Kastanie, die vom Baum gefallen war. Immer wieder schubste Katinka die Kugel von sich weg. Dann jagte sie hinterher und packte die Kastanie mit den Pfoten.

Tom rief: „Sieh nur, Onkel Balduin! So hat die Katze im letzten Sommer auch mit meinem Ball gespielt! Weshalb macht sie das?"

Der Bauer erklärte: „Katzen sind Jäger. Wenn eine Katze eine Maus sieht, dann springt sie blitzschnell los, um sie zu fangen.

Das läuft wie von selbst ab, ohne dass die Katze darüber nachdenkt. Wenn sie nun eine Kastanie entdeckt, die schnell über den Boden rollt, dann kann die Katze gar nicht anders, als hinterherzujagen."

„Oje", seufzte Tom. „Und ich habe im letzten Jahr mit der Katze geschimpft, als sie sich meinen Ball geschnappt hat."

Er beugte sich zu Katinka hinunter und streichelte sie. Schnurrend strich die Katze um seine Beine. Sie war ja nicht nachtragend!

Nun waren die anderen Tiere an der Reihe. Bald wussten die Kinder, dass Kühe ihr Futter mehrmals kauen müssen und dass Schweine sich gerne im Schlamm wälzen.

„Oh Mann, bisher hatten wir echt keine Ahnung!", rief Tom. „Ich glaube, wir haben den Tieren bei unserem letzten Besuch ganz schön unrecht getan."

„Das kannst du laut sagen", pflichtete Anna ihm bei. Der Bauer lachte. „Dann macht es doch ab sofort besser!", meinte er. „Jetzt, wo ihr so viel über die Tiere wisst, könnt ihr mir auch gerne ein bisschen bei der Hofarbeit helfen."

Das ließen sich Tom und Anna nicht zweimal sagen! Sie packten kräftig mit an. Die Hoftiere staunten nicht schlecht, als die Geschwister zuerst die frisch gelegten Eier aus dem Hühnerstall holten, anschließend sauberes Stroh in den Pferdeboxen verteilten und danach den Hof fegten.

Zwischendurch spielten die Ferienkinder immer wieder mit den Hoftieren.

„Na, du schlaue Katze?", sagte Tom zu Katinka und raschelte mit dem Fuß im Stroh. „Fängst du denn auch diese Maus?"

Na klar! Mit zwei großen Sätzen war Katinka bei seinem Fuß und zog mit den Pfoten die Schnürsenkel auf.

„Also wirklich!" Lachend band Tom eine neue Schleife. „Du bist eine tolle Jägerin!"

Er ließ sich neben Katinka im Stroh nieder und kraulte liebevoll ihr Fell. Schnurrend genoss die Katze die Berührung. Kaum zu glauben, dass das derselbe Junge war wie im letzten Jahr!

Unterdessen besuchte Anna die Kühe auf der Weide. Vorsichtig ging sie auf Käthe Kuh zu, die friedlich dastand und vor sich hinkaute. Anna streichelte Käthes weiche Nase. Da kam auch Kim Kaninchen angehoppelt und blickte das Mädchen auffordernd an.

„Was willst du denn?", fragte Anna lächelnd. „Willst du etwa auch gestreichelt werden?"

„Volltreffer!", hätte Kim ihr gerne zugerufen. Aber sie konnte ja nicht mit den Menschen sprechen. Also sprang sie einfach auf Annas Arm. Das verstand jeder Zweibeiner!

Während Anna das Kaninchen streichelte, zwinkerte Käthe Kuh der kleinen Kim zu.

„Deine Idee war echt gut", sagte die Kuh.

„Seit unserer Vorführung sind die Kinder wie ausgewechselt."

„Ja, sie sind plötzlich richtig nett", meinte Sigrun Schaf, die das Gespräch mitgehört hatte. „Ich glaube, die haben uns bisher für Wesen von einem fremden Stern gehalten."

Käthe Kuh kicherte. „Hihi, sehen wir etwa aus wie die Außerirdischen vom Bauernhof?"

Kim Kaninchen sagte: „Ich glaube euch ja, dass die Kinder euch in den letzten Ferien auf die Nerven gegangen sind. Aber ich bin sicher, dass wir mit Tom und Anna in diesem Sommer jede Menge Spaß haben können!"

Und darauf freuten sich jetzt alle Tiere auf dem Bauernhof!

Ein seltsamer Spuk

Nanu, was war das für ein seltsames Geräusch? Der Hofhund Hannes lauschte aufmerksam. Immer wieder ertönte ein merkwürdiges Rasseln, unterbrochen von kurzen Pausen. Neugierig ging Hannes dem Lärm nach. Aber der Krach kam weder aus dem Geräteschuppen noch aus dem Kuhstall.

Aha! Endlich fand Hannes heraus, von wo die Ruhestörung ausging. Das eigenartige Schnarren drang aus der Vorratskammer. Auf leisen Pfoten schlich Hannes näher.

Er sprang auf die Bank, die draußen vor der Vorratskammer stand, und schaute durchs Fenster hinein. Auf den ersten Blick konnte er drinnen nichts Ungewöhnliches sehen. Überall stapelten sich Kisten mit Obst und Gemüse. In den Regalen entdeckte Hannes einige Laibe Brot und Käse und jede Menge Saftflaschen. Und vor den Regalen standen Krautfässer und Milchkannen.

Alles sah aus wie immer – aber in der Kammer schepperte es, dass die Fensterscheiben zitterten. Woher kam nur dieser Lärm?

Plötzlich entdeckte Hannes etwas Merkwürdiges: Ein Fass, das gerade noch ruhig an der Wand gestanden hatte, begann auf einmal zu wackeln. Es schwankte hin und her, bis es schließlich umkippte. Nun kullerte das Fass quer durch die Kammer und prallte gegen die gegenüberliegende Wand.

Rums! Für einige Sekunden hörte das Rasseln auf. Doch gleich darauf ging es in voller Lautstärke weiter.

Hannes überlegte. Offensichtlich hatte das unheimliche Geräusch etwas mit dem Fass zu tun. Es klang ein bisschen wie ein scheppernder Motor. Aber wer steckte denn ein knatterndes Gerät in ein Krautfass? Und weshalb?

Der Hund beschloss, sich erst einmal auf dem Hof umzuhören. Vielleicht wusste ja jemand, was in der Vorratskammer los war.

Doch auch die anderen Hofbewohner hatten keine Ahnung, was es mit dem scheppernden Fass auf sich hatte.

„Ich bin sicher, dass der Bauer keine neue Maschine angeschafft hat", brummte der Traktor Theo, der gerade mit dem Nachbarjungen Luis vorbeikam. Und nachdem er ein bisschen vor der Vorratskammer gelauscht hatte, meinte Theo: „Wenn ihr mich fragt, stammt das Geräusch nicht von einem Motor, sondern von einem Tier."

Die Hoftiere wechselten ratlose Blicke.

„Also, ich kenne niemanden, der freiwillig in so ein Fass steigen würde", stellte die Ziege Zilla fest.

„Aber was steckt dann hinter dem Knattern?", fragte Larissa Lamm.

„Darauf gibt es eigentlich nur eine Antwort", sagte ihr Bruder Ludwig.

Alle blickten ihn gespannt an.

Ludwig erklärte mit wichtiger Miene: „Ich wette, in der Vorratskammer spukt es!"

„Was?", rief Larissa entsetzt und versteckte sich schnell hinter ihrer Mama.

Flo Ferkel dagegen fand diese Vorstellung spannend. „Cool!", rief er begeistert. „Vielleicht haben wir ja ein Gespenst auf dem Hof!"

„Ach was!", widersprach Hannes Hund. „Gespenster gibt es nicht."

Ludwig Lamm meinte: „Klar gibt es Gespenster! Ich habe gestern erst welche im Garten hinter dem Haus gesehen. Sie waren riesengroß, und ihre weißen Gewänder flatterten im Wind."

Doch der Hofhund ließ sich nicht einschüchtern. „Das waren die Bettlaken, die an der Wäscheleine hingen", entgegnete Hannes. „Ich habe sie gestern auch gesehen."

Aber die meisten Tiere hörten ihm schon gar nicht mehr zu. Alle redeten und schnatterten wild durcheinander. Da beschloss Hannes Hund, höchstpersönlich in der Vorratskammer nach dem Rechten zu sehen.

„Hört zu, Leute!", rief er laut. „Ich gehe jetzt in die Kammer und untersuche das Fass. Wenn ich nicht bald wieder herauskomme, holt ihr den Bauern. Verstanden?"

Die anderen Tiere waren schlagartig still.

„Viel Glück, Hannes!" Der Esel Egon sprach für alle.

„Du kannst dich auf uns verlassen. Wir holen Hilfe, wenn es nötig ist."

Dem Hofhund war ziemlich mulmig zumute, doch er ließ es sich nicht anmerken. Hannes holte tief Luft. Dann ging er zur Türe der Vorratskammer, stieß sie mit der Schnauze auf und betrat den Raum.

Hier drinnen war das rasselnde Geräusch noch viel lauter. Entschlossen ging der Hund auf das Fass zu und betrachtete es von allen Seiten. Es war fest verschlossen, aber es bebte leicht. Zweifellos kam der Krach aus dem Inneren des Fasses!

Der Hund bellte laut. Im gleichen Moment wurde es in dem Fass ganz still. Das Rasseln hörte auf.

Na, so was! Welches Gespenst ließ sich denn von Hunde-gebell einschüchtern? Hannes nahm seinen ganzen Mut zusammen. Er packte den Fassdeckel mit den Zähnen und rüttelte daran. Doch der Deckel bewegte sich kein bisschen.

Eilig lief Hannes wieder nach draußen.

„Ich musste nur einmal laut bellen, schon hat der Krach aufgehört", berichtete er stolz. „Aber ich kann nicht in das Fass schauen, weil ich den Deckel nicht aufbekomme."

Der Hofhund blickte in die Runde. „Wer traut sich und hilft mir, das Fass zu öffnen?"

Frau Schaf sagte schnell: „Wir müssen nach Hause. Meine Kinder haben Hunger." Sie schob die Lämmer vor sich her und verschwand in Richtung Schafweide.

Auch viele andere Tiere hatten es auf einmal eilig. Den Hühnern fiel ein, dass sie jetzt sofort Eier legen mussten, und die Kühe spürten plötzlich, dass Melkzeit war. Kater Konrad schlich ohne weitere Erklärung davon, und Egon Esel hatte schlagartig riesigen Durst und kehrte nicht mehr von der Tränke zurück.

„Nanu!" Erstaunt blickte Hannes auf die wenigen Tiere, die übrig geblieben waren. „Es sieht ganz so aus, als hätten einige Hofbewohner Angst vor Gespenstern!"

„Also, ich jedenfalls nicht!" Der Hahn Herbert trat vor. „Ich kann versuchen, das Fass mit meinem Schnabel aufzupicken."

Gesagt, getan. Doch so fest Herbert seinen Schnabel auch in das Holz hackte, der Deckel gab nicht nach.

„Was machen wir denn jetzt?", fragte Hannes ratlos.

„Überlasst das mir!", rief Zilla Ziege. „Ich fürchte mich nicht vor Gespenstern!"

Sie trabte in die Vorratskammer, nahm Anlauf und stürmte auf das Fass zu. Sie musste nur zweimal mit ihren spitzen Hörnern zustoßen. Da sprang der Fassdeckel auf.

Hannes Hund und Herbert Hahn eilten herbei. Jetzt, wo das Fass offen war, konnten sie die Ziege doch nicht allein lassen!

Mit klopfenden Herzen beugten sich die drei über das Fass.

„Na endlich!", drang in diesem Augenblick eine schnarrende Stimme aus dem Inneren. Sekunden später erschien ein kleiner Igel in der Fassöffnung.

Der Hund, der Hahn und die Ziege brachen in erleichtertes Gelächter aus.

„Da haben wir also unser Gespenst!", prustete Zilla Ziege.

Der Igel wich ängstlich zurück, als er die Hoftiere sah.

Doch Hannes Hund versicherte schnell: „Wir tun dir nichts!"

Nun krabbelte der Igel ganz aus dem Fass.

„Bäh!", sagte er und schüttelte sich. „Ich esse nie wieder Sauerkraut."

Hannes Hund warf einen Blick in das Fass. Es war nur noch ein kleiner Rest Sauerkraut übrig.

„Weshalb hast du denn so einen Krach gemacht?", erkundigte sich der Hund.

„Was für ein Krach?", fragte der Igel zurück. „Davon weiß ich nichts. Ich weiß nur, dass ich heimlich in das Fass gekrochen bin, als die Bäuerin das Sauerkraut eingefüllt hat. Das war nämlich mein Lieblingsessen." Er verzog das Gesicht.

„Aber ich glaube, jetzt habe ich für mein ganzes Leben genug davon."

„Nun erzähl schon, was passiert ist", drängte Herbert Hahn.

„Ganz einfach", berichtete der Igel. „Ich habe mir gerade das Kraut schmecken lassen, als die Bäuerin plötzlich das Fass verschlossen hat. Seitdem saß ich fest. Ein Glück, dass ihr mich gerettet habt!"

„Das haben wir gerne gemacht", versicherte Hannes Hund. „Und jetzt komm! Wir müssen den anderen Hoftieren zeigen, vor wem sie sich gefürchtet haben!"

Hannes führte den Igel über den Hof. Die Schafe, Hühner und Kühe staunten nicht schlecht, als sie das kleine Stacheltier sahen. Genau wie Kater Konrad und Egon Esel taten sie so, als hätten sie sich nie vor irgendeinem Geräusch gefürchtet.

Der Igel aber hatte genug von seinem Bauernhof-Abenteuer. „Gleich morgen Früh gehe ich zurück in den Wald", beschloss er. „Dort kenne ich mich aus, und da gibt es auch keine finsteren Fässer, aus denen man nicht mehr herauskommt!"

Inzwischen war es Abend geworden, und die Tiere legten sich schlafen. Doch auf einmal drang ein schnarrendes Geräusch durch die Stille. Es war so laut, dass es bis in den letzten Winkel des Hofes hallte.

Die Bauernhoftiere schreckten hoch. Das klang doch wie der Spuk vom Nachmittag! Bald waren alle wach. Die Tiere versammelten sich im Hof und überlegten, was sie tun sollten.

„Am besten gehen wir dem Krach gemeinsam nach", schlug Hannes Hund vor. „Wenn wir zusammenbleiben, kann uns nicht viel passieren."

Aufgeregt schlichen die Tiere durch die Dunkelheit.

Alle zuckten zusammen, als plötzlich eine Eule über sie hinwegglitt. Allmählich wurde das Geräusch lauter. Es kam aus den Büschen neben der Hofeinfahrt!

Hannes Hund, der mutig vorausging, blieb auf einmal stehen. Er schob mit der Schnauze ein paar Zweige zur Seite und brach in schallendes Gelächter aus.

„Das hätten wir uns eigentlich denken können", prustete er. „Seht selbst, wer hinter dem unheimlichen Geräusch steckt!"

Neugierig kamen die anderen Tiere näher. Da lag der kleine Igel friedlich unter einem Busch und schnarchte wie zehn ausgewachsene Schweine!

Jetzt mussten alle lachen.

„Ich hätte nie gedacht, dass so ein kleines Tier so viel Krach machen kann!", meinte Egon Esel.

Nun legten sich alle beruhigt schlafen. Und als der Igel am nächsten Morgen Abschied genommen hatte, waren alle erleichtert. Endlich kehrte auf dem Bauernhof wieder Ruhe ein!

Das Tierkonzert

Den Tieren auf dem Hof von Bauer Balduin fehlte es an nichts. Der Bauer liebte sie aus ganzem Herzen. Jeden Tag fütterte er sie, brachte ihnen frisches Wasser und machte ihre Ställe sauber. Doch das war noch nicht alles. Der Bauer sprach auch mit den Tieren, denn er wusste genau, dass sie ihn verstanden.

Nach dem Melken dankte Balduin den Kühen für ihre Milch. Wenn die Kinder auf den Pferden geritten waren, pfiff der Bauer eine leise Melodie, denn das mochten die Pferde gerne. Und natürlich bekam der Hofhund Hugo jedes Mal ein dickes Lob, wenn er mit lautem Bellen einen Fuchs von der Hühnerwiese gejagt hatte.

Bauer Balduin kannte die Geburtstage aller Tiere auf seinem Hof. Immer wenn eines davon Geburtstag hatte, sang der Bauer laut und falsch „Zum Geburtstag viel Glück!".

Die Tiere störte es nicht, dass Balduin die Töne nicht ganz traf. Für sie war es viel wichtiger, dass der Gesang von Herzen kam!

Außerdem bekam jedes Tier eine Extraportion seines Lieblingsfutters zum Geburtstag. Der Bauer wusste eben genau, was seine Tiere mochten.

Die Bauern auf den benachbarten Höfen lächelten ein bisschen über Balduin – vor allem an den Tagen, an denen sein lauter Gesang über die Felder schallte. Doch das störte den tierlieben Bauern nicht. Sollten die anderen doch denken, was sie wollten! Für ihn zählte nur, dass seine Tiere glücklich waren.

Eines Tages stürmte Hanna Huhn aufgeregt in den Stall. „Alle mal herhören!", rief sie. „Ich habe gerade gesehen, wie die Bäuerin Geschenke eingepackt hat! Und jetzt rührt sie den Teig für einen Geburtstagskuchen an."

„Na und?" Katja Kuh blickte gelangweilt von ihrem Heu auf. „Was geht uns das an?"

„Ja, versteht ihr denn nicht?" Hanna Huhn flatterte durch den Stall. „Das bedeutet, dass der Bauer morgen Geburtstag hat!"

Jetzt hoben alle die Köpfe.

„Bist du sicher?", erkundigte sich Klara Kalb.

„Ja, ganz sicher", erwiderte Hanna. „Die Bäuerin hat es vorhin dem Postboten erzählt."

Der Kater Kai sprang auf einen Stuhl. „Denkt ihr auch, was ich denke?", rief er.

„Was denkst du denn?", fragte Sonja Schwein zurück.

Kai sagte: „Wenn wir Geburtstag haben, singt der Bauer immer ein Lied für uns. Wie wäre es, wenn wir ihn morgen mit einem Konzert überraschen und für ihn singen?"

Von dieser Idee waren alle begeistert.

Katja Kuh begann sofort laut zu muhen. Zilla Ziege meckerte, Sonja Schwein quiekte, und Kater Kai miaute. Der Esel Egon ließ sein rostig klingendes „Iah!" hören, und Hanna Huhn gackerte eifrig drauflos. Die Pferde unterstützten den Gesang mit lautem Hufgetrappel.

Es klang fürchterlich!

Plötzlich flog die Stalltür auf, und der Bauer stürmte herein. „Was ist denn hier los?", rief er besorgt. „Ist etwas passiert?"

Schlagartig verstummten die Tiere. Alle blickten den Bauern mit Unschuldsmiene an. Die Kühe steckten schnell ihre Köpfe ins Heu, Sonja Schwein wälzte sich grunzend auf dem Boden, und Kater Kai verschwand eilig zwischen den Strohballen.

„Nanu?", wunderte sich Bauer Balduin. „Ich hätte schwören können, dass es hier gerade ziemlich laut war." Er sah sich prüfend im Stall um, konnte aber nichts Ungewöhnliches entdecken.

„Was soll's!" Der Bauer zuckte mit den Schultern. „Da habe ich mich wohl getäuscht." Er drehte sich um und ging wieder hinaus.

Puh! Die Tiere atmeten erleichtert auf. Das war gerade noch mal gut gegangen!

„So geht es nicht weiter!", stellte Hugo Hund fest. „Nichts gegen euren Gesang, aber man konnte überhaupt keine Melodie erkennen. Wartet mal ..." Er sah sich suchend im Stall um. Sein Blick blieb an einer großen Zange hängen, die der Bauer vor einigen Tagen im Stall vergessen hatte.

„Leute, ich habe eine Idee!", rief der Hund. „Hört mal zu!" Er nahm die Zange zwischen die Zähne und klopfte damit gegen einen Eimer aus Metall.

Ein scheppernder Ton war zu hören. Nun probierte Hugo ein bisschen herum. Wenn er ganz oben gegen den Eimer klopfte, klang der Ton hoch. Traf die Zange weiter unten auf den Eimer, so schepperte es tiefer.

Hugo legte die Zange zur Seite.

„Es klappt!", rief er. „Mit etwas Übung bringe ich bestimmt eine Melodie zustande."

Und wirklich: Es dauerte nicht lange, bis der Hund mit der Zange „Zum Geburtstag viel Glück" spielen konnte. Die Töne klangen zwar etwas blechern, aber das störte die Tiere nicht. Hauptsache, Hugo gab ihnen den richtigen Takt vor!

„Und jetzt üben wir den Gesang dazu!", rief Hanna Huhn.

Doch Kater Kai bremste ihren Eifer. „Wir müssen warten, bis der Bauer nicht mehr in der Nähe ist", mahnte er. „Er darf uns nicht noch mal hören. Sonst kommt er vielleicht darauf, dass wir etwas für seinen Geburtstag vorbereiten!"

Das leuchtete allen ein. Zum Glück fuhr Bauer Balduin bald mit dem Traktor aufs Feld.

„Die Luft ist rein!", meldete Hugo Hund, als der Traktor außer Sichtweite war. „Wir können loslegen!"

Eifrig übten die Kühe, Schafe und Schweine, die Katzen, Hühner, Esel und Pferde das Geburtstagslied. Es war gar nicht so einfach, die Töne zu treffen. Immer wieder fingen sie von vorne an, bis endlich alle zufrieden waren. Nun konnte der nächste Tag kommen!

Als der Bauer am nächsten Morgen die Stalltür öffnete, staunte er nicht schlecht.

Hugo Hund klopfte auf dem Eimer das Geburtstagslied, und alle Tiere sangen nach Leibeskräften mit. Durchs offene Stallfenster schallte das Tierkonzert weit über die Landschaft.

Die Bauern von den benachbarten Höfen, die gerade auf den Feldern arbeiteten, hielten inne und lauschten.
Was war das für ein Lärm?

„Es kommt von Balduins Hof", stellte einer von ihnen kopfschüttelnd fest. „Das hätten wir uns ja denken können."

Ein anderer meinte: „Klingt fast so, als würden die Tiere singen!" Er ahnte nicht, wie recht er damit hatte ...

Bauer Balduin wartete, bis das Lied zu Ende war. Das Geburtstagsständchen klang zwar etwas schräg, aber Balduin spürte genau, dass es von Herzen kam.

Der Bauer strahlte übers ganze Gesicht. „Vielen Dank, ihr Lieben!", sagte er. Balduin ging im Stall herum und streichelte ein Tier nach dem anderen. „Das war eine tolle Geburtstags-Überraschung!"

Der
Pony-Professor

Der grauhaarige Paul war ein ganz besonderes Pony. Auf den ersten Blick sah man ihm das allerdings nicht an. Paul war kleiner als die anderen Pferde und ein bisschen pummelig. Aber Julia liebte ihn. Denn auch wenn Paul nicht der Größte war, hatte er das Herz auf dem rechten Fleck. Und das war viel wichtiger als lange Beine und schwungvolle Bewegungen!

Julia kannte Paul schon lange. Sie kam jeden Dienstag zum Reiten auf den Hof. Und immer wenn die Reitlehrerin fragte, auf welchem Pferd sie reiten wollte, sagte Julia: „Am liebsten auf Paul."

Weil die anderen Reiter ohnehin lieber auf den größeren Pferden ritten, bekam Julia fast immer ihren Paul.

Die beiden waren ein Herz und eine Seele. Wenn Julia am Zaun nach ihm rief, kam Paul angetrabt. Und beim Reiten schien er ihre Gedanken zu lesen. Sobald Julia mit der Zunge schnalzte, lief Paul los.

Die anderen Reiterinnen dagegen mussten ihre Pferde oft kräftig antreiben, damit sie schneller wurden. Wenn Julia anhalten wollte, reichte ein lang gezogenes „Hooo!", und schon stand Paul wie eine Pony-Statue. Die anderen Reitschüler mussten dafür kräftig an den Zügeln ziehen.

Weil Paul so klug war, nannte Julia ihn auch den Pony-Professor.

Doch an einem sonnigen Dienstag im Mai war alles anders als sonst: Als Julia an diesem Tag nach Paul rief, kam er nicht wie üblich zu ihr, um sie zu begrüßen.

Nanu? War Paul etwa krank? Julia schwang sich über den Zaun und lief zu ihm hinüber.

„Hallo, Paul!", sagte Julia und streichelte sein weiches Fell. „Heute haben wir Reitstunde. Kommst du mit?"

Paul blieb vor seinem Offenstall stehen und schüttelte den Kopf.

Julia überlegte. Irgendetwas stimmte mit Paul nicht. Sie holte einige Äpfel und fütterte das Pony damit. Paul ließ es sich schmecken, doch er rührte sich weiterhin nicht vom Fleck.

„Na los!", sagte Julia und schnalzte mit der Zunge. „Gleich beginnt die Reitstunde."

Aber Paul stand da, als hätte er Wurzeln geschlagen. Julia tastete seinen Rücken, seinen Bauch und seine Beine ab. Zum Glück fand sie keine Verletzung und keine Schwellung.

„Was hast du denn nur, Paul?", fragte sie ratlos.

Auf der anderen Zaunseite kam die eingebildete Pia vorbei. Sie ritt ihr Lieblingspferd Pascha zum Reitplatz hinüber.

„In fünf Minuten fängt die Reitstunde an!", rief Pia. „Du solltest dich sputen! Oder weigert sich dein kleines Dickerchen, mitzukommen?" Kichernd verschwand Pia in Richtung Reitplatz.

Julia biss die Zähne zusammen. Sie war es schon gewohnt, dass Pia sich über Paul lustig machte.

Seufzend blickte sie ihr Lieblingspony an. Julia überlegte. Sollte sie die Reitlehrerin um Hilfe bitten? Nein! Dann würden alle denken, dass Julia nicht in der Lage war, Paul allein aus dem Stall zu holen.

„Nun komm schon!", sagte sie streng zu Paul und zog am Führstrick. „Nach der Reitstunde kannst du doch noch stundenlang hier herumstehen. Aber jetzt wünsche ich mir, dass du mitkommst."

Paul stemmte alle vier Hufe in den Boden.

„Hast du vielleicht Angst vor irgendwas?" Julia sah sich um, konnte aber nichts Ungewöhnliches entdecken.

„Oder riecht es hier anders als sonst?"

Auf einmal hatte Julia eine Idee. Wenn Paul beim Reiten ihre Gedanken lesen konnte, dann klappte das vielleicht auch umgekehrt!

Julia setzte sich auf den Boden. Sie sah einigen Hummeln zu, die fleißig von Blüte zu Blüte flogen, und hörte die Vögel zwitschern. Paul rieb seinen Kopf an Julias Arm und ließ sich von ihr an der Stirn kraulen.

Julia überlegte, was wohl in ihm vorging. „Weshalb bist du heute ganz anders als sonst?", fragte sie ihn leise.

Da hörte sie plötzlich etwas rascheln. Das Geräusch kam aus Pauls Stall. Auch der Pony-Professor hatte es gehört. Er spitzte die Ohren. Julia lauschte. Nanu, da drang ein leises Piepsen aus dem Offenstall. Was hatte das zu bedeuten?

„Hast du etwa Besuch?", fragte sie und stand auf.

Sie spähte an Paul vorbei. In seinem Stall war es dunkel, und auf den ersten Blick konnte Julia nichts erkennen. Doch das Piepsen kam eindeutig von hier. Als Julias Augen sich an die Dunkelheit gewöhnt hatten, staunte sie nicht schlecht: In einer Ecke von Pauls Stall tapsten einige flauschige Küken durcheinander. Als sie Julia sahen, begannen sie aufgeregt zu schnattern.

„Na, so was!", staunte Julia.

In diesem Augenblick flatterte Gabi Gans über den Zaun. Mit lautem Fauchen stürmte sie auf den Stall zu.

„Huch!" Julia sprang schnell zur Seite. „Ich hab deinen Kleinen nichts getan!", versicherte sie.

Im Stall begrüßte die Gänsemutter ihre Küken mit zärtlichem Geschnatter.

„Julia, wo bleibst du denn?", schallte in diesem Augenblick die Stimme der Reitlehrerin über den Hof.

Paul stupste Julia mit der Nase an und lief zum Weidetor.

„Na, du bist mir ja einer!", meinte Julia. „Sag bloß, du wolltest wegen der Küken nicht weggehen."

Paul schnaubte zustimmend.

„Ich komme!", rief Julia laut zum Reitplatz hinüber.

In Windeseile bürstete sie Pauls Fell, säuberte die Hufe und legte dem Pony Sattel und Zaumzeug an.

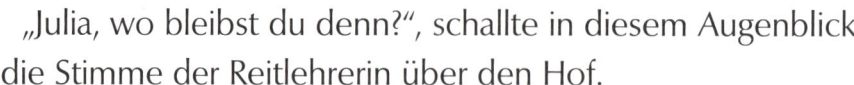

Die Reitstunde hatte schon begonnen, als Julia und Paul endlich auf dem Reitplatz erschienen.

„Es tut mir leid, dass wir zu spät kommen", sagte Julia. „Paul hat ein paar Gänseküken in seinem Stall und wollte sie nicht allein lassen."

Die Reitlehrerin rief: „Ach wirklich? Ich habe gesehen, dass Gabi Gans in einer Stallecke ihr Nest gebaut hat. Aber ich wusste nicht, dass ihre Küken schon geschlüpft sind."

Julia lachte. „So wie es aussieht, hat Paul jetzt einen neuen Job als Babysitter. Wenn Mama Gans auf Futtersuche geht, passt er auf die Kleinen auf. Er hat sich die ganze Zeit geweigert, mitzukommen.

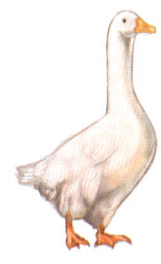

Aber als die Gänsemutter zurück war, hatte er es plötzlich eilig."

„Das sieht ihm ähnlich", sagte die Reitlehrerin. „Unser Paul ist eben besonders schlau."

Julia kraulte Paul am Hals. „Das hast du super gemacht", meinte sie.

„Du aber auch, Julia!", rief die Reitlehrerin. „Wenn du Paul gezwungen hättest, dort wegzugehen, dann wären die Küken ohne Schutz gewesen."

Julia grinste kurz zu Pia hinüber. Ihr „kleines Dickerchen" hatte eben mehr drauf, als man auf den ersten Blick sah!

Julia war jedenfalls richtig stolz auf den Pony-Professor. Und ein bisschen auch auf sich selbst.

Ein spannender Ausflug

Es war ein sonniger Herbsttag. Der Bauer hatte gerade sein letztes Weizenfeld abgeerntet und die frisch gepressten Stroh-ballen in der Scheune untergebracht.

Nun kehrte auf dem Bauernhof wieder Ruhe ein. Die Kühe kauten gemächlich vor sich hin, die Schafe dösten in der Sonne, und die Pferde knabberten am kurzen Herbstgras.

Nur im Kleintiergehege sauste mit flatternden Ohren ein junges Kaninchen herum.

„Wer spielt mit mir Fangen?", rief Kalle Kaninchen. „Wer hat Lust auf ein Wettrennen?"

Doch die anderen Kaninchen und die Meerschweinchen blinzelten nur müde ins Sonnenlicht.

„Zu anstrengend", quiekte Mimi Meerschweinchen.

„Will lieber schlafen", schnuffelte Kurt Kaninchen.

Und Hanna Huhn, die gerade zufällig am Zaun vorbeikam, tippte sich mit der Flügelspitze an den Kopf. „Werde du erst mal erwachsen", sagte sie zu Kalle Kaninchen. „Dann wird dir dein Übermut schon noch vergehen!"

Aber Kalle hatte keine Lust, erwachsen zu werden. Und seinen Übermut wollte er auch nicht verlieren. Er wollte etwas erleben!

Kalle Kaninchen drehte noch ein paar Runden durchs Gehege. Er sprang in hohem Bogen über die Tränken und Näpfe und zwickte seine Freunde im Vorbeihoppeln spielerisch ins Hinterteil. Ob wohl jemand mitspielte?

Aber die anderen dachten gar nicht daran.

„Ach, Kalle", seufzte Kunibert Kaninchen. „Warum bist du nur so wild? Kannst du nicht einfach mal in aller Ruhe Gänse-blümchen fressen, so wie wir?"

Kalle blickte auf die anderen Kaninchen, die schön ordentlich ein Blümchen nach dem anderen abknabberten. Nein, das war ihm viel zu langweilig!

„Ich möchte so gerne mal etwas Spannendes erleben!", rief er. „Wer kommt mit?"

Die anderen winkten ab.

„Für uns Kaninchen ist die Welt da draußen viel zu gefährlich", meinte Kirsten Kaninchen. „Überall gibt es Füchse und Marder, die gerne Kaninchen jagen."

Kunibert ergänzte: „Und denk nur an die vielen Autos auf den Straßen. Wie leicht können wir da unter die Räder geraten!" Er schauderte.

„Nein, lieber Kalle, wir bleiben besser hier in unserem sicheren Gehege."

Kalle seufzte. Er wollte so gerne wissen, wie die Welt da draußen aussah!

Während er darüber nachdachte, fiel sein Blick auf eine große Leiter, die an dem Apfelbaum in seinem Gehege lehnte. Vielleicht konnte er von dort oben in die Ferne blicken!

Mit einem großen Satz war der Kaninchenjunge bei der Leiter und kletterte hoch.

Oje! Die Leiter begann gefährlich zu schwanken, und noch bevor Kalle wieder herunterspringen konnte, fiel sie mitsamt dem Kaninchen um.

Zum Glück hatte Kalle sich nicht wehgetan. Er krabbelte unter der Leiter hervor und überlegte weiter.

Aus dem Gehege auszubüxen war nicht schwer. Kalle hatte schon öfter einmal einen Gang unter dem Zaun hindurchgebuddelt. Mit etwas Geschick konnte man auch durchs Törchen ins Freie schlüpfen, wenn die Bäuerin zum Füttern kam. Aber was dann? Wohin sollte Kalle laufen?
Den Bauernhof kannte er bis in den letzten Winkel. Doch was wartete wohl draußen vor dem Hoftor auf ihn? Wimmelte es in den Wäldern nur so von hungrigen Füchsen? Fuhren überall gefährliche Trecker und Autos herum?

Da entdeckte Kalle schon wieder etwas, das ihn magisch anzog: Auf der anderen Seite des Zauns hing eine Schaukel am Apfelbaum – gerade so weit entfernt, dass Kalle sie vielleicht mit einem weiten Sprung erreichen konnte.

Kurz entschlossen nahm er Anlauf, sprang ab und landete genau auf der Schaukel. Hui! Das machte Spaß! Mit flatternden Ohren schaukelte Kalle vor und zurück, vor und zurück.

Immer höher flog er durch die Luft. Von hier oben konnte er weit über die Wiesen und Felder blicken! Kalle sah einen Fußballplatz, auf dem einige Kinder hin und her rannten. Es kribbelte in seinen Pfoten. Wie gerne würde er einmal mitspielen!

„Komm schnell wieder herunter, Kalle!", rief in diesem Moment Mimi Meerschweinchen zu ihm hoch.

Und Moritz Meerschweinchen piepste ängstlich: „Das ist viel zu gefährlich! Du könntest von der Schaukel fallen!"

„Ich passe schon auf!", rief Kalle und fühlte sich plötzlich sehr stark und mutig. „Um mich müsst ihr euch keine Sorgen machen!"

In diesem Augenblick entdeckte Kalle ein Auto mit offener Ladefläche, das über einen nahen Feldweg holperte.

Am Steuer saß Herr Mock aus der Nachbarschaft, und auf dem Beifahrersitz erkannte Kalle seinen Sohn Finn. Kalle kannte Finn gut, denn er half öfter einmal auf dem Bauernhof mit.

Der Kaninchenjunge blickte auf das Auto, das immer näher kam. Ohne lange nachzudenken, sprang er von der Schaukel und flitzte zu dem Wagen hinüber.

Mit einem großen Satz hopste er auf die Ladefläche.

Finn und sein Vater merkten nichts von ihrem heimlichen Mitfahrer.

Während der Wagen weiterfuhr, wurde Kalle ordentlich durchgerüttelt. Aber das machte ihm nichts. Neugierig sah er sich um. Es war das allererste Mal, dass er den Bauernhof verließ! Was es da alles zu sehen gab!

Bald führte der Weg durch ein kleines Wäldchen. Kalle hielt schnuppernd seine Nase in den Fahrtwind. Es roch nach Pilzen und feuchtem Laub. Vor ihnen schwang sich eine riesige Eule in die Luft und segelte fast lautlos davon.

Im Vorbeifahren sah Kalle wunderschöne Vögel, ein Eichhörnchen und tatsächlich auch einen Fuchs. Der Kaninchenjunge duckte sich ein bisschen. Wie gut, dass er nicht alleine unterwegs war!

Nach einer Weile hielt das Auto am Rand einer Fußballwiese. Als Finn ausstieg, sprang auch Kalle eilig von der Ladefläche. Herr Mock wendete das Auto und fuhr wieder zum Dorf zurück.

Finn begrüßte gerade seine Freunde, als er plötzlich den Kaninchenjungen bemerkte.

„Nanu?", staunte Finn. „Wo kommst du denn plötzlich her, Kalle? Bist du etwa heimlich bei uns mitgefahren?"

Kalle schaute so unschuldig, wie er nur konnte.

„Hör mal zu, Kalle Kaninchen", sagte Finn streng.

„Wir haben heute ein wichtiges Fußballspiel. Während wir spielen, bleibst du schön hier sitzen, ja?"

Kalle schlug die Augen nieder. Insgeheim kribbelten schon wieder seine Pfoten ...

Während auf der Fußballwiese das Spiel begann, sprang Kalle auf einen Baumstumpf. Von hier aus konnte er das Spiel gut beobachten.

Bald hatte er verstanden, dass es
darum ging, den Ball ins
gegnerische Tor zu schießen.
Gespannt schaute Kalle zu.
Der Ball wirbelte hin und her,
und die Fußballspieler rannten
und kickten, was das Zeug hielt.

Oje! Nun landete der Ball schon zum zweiten Mal im Tor
von Finns Mannschaft! Es stand 2:0 für das andere Team!

Doch es kam noch schlimmer: Beim nächsten gegnerischen Schuss warf sich Finns Freund, der Torwart Matthis,
der Länge nach auf die feuchte Wiese. So hielt er zwar den
Ball, doch er verstauchte sich das Handgelenk. Stöhnend
rieb Matthis die schmerzende Stelle.

Finn und seine Mannschaftsfreunde beratschlagten, was
sie nun tun sollten. Matthis konnte nicht weiterspielen, und
sie hatten keinen Ersatzmann. Also fehlte nun ein Spieler.

Kalle zögerte nicht lange. Er sprang vom Baumstumpf und
hoppelte zu Finn hinüber.

„Was willst du denn hier?", fragte Finn, als Kalle an seinen
Socken zupfte. „Ich kann mich jetzt nicht um dich kümmern,
wir haben gerade andere Sorgen."

Kalle flitzte ins Tor und sprang dort immer wieder hoch.

Endlich verstand Finns Freund Josch, was das Kaninchen den Kindern mitteilen wollte.

„Schaut doch mal, wie hoch Kalle springen kann!", rief Josch.

Aber Kalle konnte noch viel mehr! Er hechtete nach links und nach rechts. Er schnappte sich den Ball und schubste ihn vor sich her.

Die Kinder mussten lachen.

„Es ist zwar verrückt, aber wir können es versuchen", meinte Finn. „Also gut, Kalle – heute bist du unser Torwart!"

Nun nahm der verletzte Matthis auf dem Baumstumpf Platz, und Kalle stellte sich ins Tor.

Zuerst machten sich die Spieler der gegnerischen Mannschaft über das Kaninchen lustig. Niemand glaubte daran, dass so ein kleines Tier einen Ball halten konnte.

Doch Kalle zeigte allen, was in ihm steckte. Er war zwar nicht der Größte, aber er konnte prima springen. Und er war so flink und wendig, dass die Kinder ihm kaum mit den Augen folgen konnten.

Zack!, flog der Ball aufs Tor zu. Zisch!, wirbelte er schon wieder zurück aufs Spielfeld. Finn und seine Mannschaftsfreunde bekamen jede Menge Gelegenheiten, aufs gegnerische Tor zu zielen. Und das taten sie auch!

Als es 2:2 stand, verging der anderen Mannschaft allmählich das Lachen. Und als Finn und seine Freunde ihr drittes und schließlich auch noch ihr viertes Tor schossen, begannen die anderen zu mosern.

„Ein Kaninchen als Torwart entspricht nicht den Regeln", behaupteten die Spieler der gegnerischen Mannschaft.

Doch das ließen Finn und seine Freunde nicht gelten. Torwart war Torwart! Beim Schlusspfiff hatten sie schließlich 2:5 gewonnen. Da war der Jubel groß!

Alle knuddelten Kalle und ließen ihn hochleben.

Der Kaninchenjunge war überglücklich. Er hatte zwar von einem Abenteuer geträumt, aber er hätte nie damit gerechnet, dass er gleich bei seinem ersten Ausflug als Torhüter glänzen würde!

Kurz darauf wurde Finn von seinem Vater abgeholt. Diesmal durfte Kalle auf Finns Schoß mitfahren. Finn ließ sich in der Nähe des Bauernhofs absetzen, um den restlichen Weg zu Fuß zu gehen. Er trug Kalle auf dem Arm und brachte ihn in sein Gehege zurück.

„Vielen Dank, Kalle", sagte Finn und setzte das Kaninchen auf dem Boden ab. „Du bist ein richtiger Fußballstar. Beim nächsten Mal nehme ich dich wieder mit. Mal sehen, wie du dich als Stürmer machst."

Dankbar rieb Kalle seine Nase an Finns Bein. Er freute sich schon riesig auf den nächsten Ausflug und auf neue Abenteuer mit Finn!

Als der Junge wieder gegangen war, scharten sich auf einmal Kalles Freunde um den Heimgekehrten.

„Stimmt es, was Finn gesagt hat?", wollte Kunibert Kaninchen wissen. „Hast du wirklich Fußball gespielt?"

Kalle nickte stolz. Nun erzählte er alles, was er heute erlebt hatte. Als er mit seinem Bericht fertig war, blickten ihn alle ehrfürchtig an.

Sein kleiner Cousin Kilian war der Erste, der sich in Bewegung setzte. Er hoppelte in seine Spielecke und kam gleich darauf mit einem kleinen Ball zurück.

„Können wir nicht auch hier im Gehege Fußball spielen?", fragte Kilian.

„Au ja! Das ist eine tolle Idee!", riefen alle.

Kalle zögerte kurz, doch dann willigte er ein. Sobald er den anderen die Spielregeln erklärt hatte, kickten sie los. Kalle übernahm die Rolle des Schiedsrichters. Und während er flink neben den Spielern hersauste, musste er plötzlich lachen.

„Ist euch schon aufgefallen, dass wir nun alle etwas von meinem Ausflug haben?", rief Kalle.

Seine Freunde blickten sich erstaunt an. „Stimmt! Du hast recht!", riefen sie durcheinander und lachten mit.

Von nun an hatte niemand mehr etwas dagegen, wenn Kalle einen Ausflug unternahm. Ganz im Gegenteil: Alle warteten gespannt darauf, welche neuen Ideen er beim nächsten Mal mitbringen würde! Denn eines war sicher: Mit Kalle wurde es ganz bestimmt nie langweilig!

Versöhnung am Ententeich

Am Ententeich herrschte dicke Luft.

„Also wirklich!", schnatterte Frau Ente und zupfte mit dem Schnabel einige Schwanenfedern aus dem Schilf. „Wenn diese eingebildeten Schwäne schon mitten durch unser Schilf schwimmen, könnten sie wenigstens ihre Federn bei sich behalten."

„Aber Mama!", sagte ihr Sohn Enzo. „Das Schilf gehört doch nicht uns. Warum soll Familie Schwan dort nicht genauso spazieren schwimmen wie wir?"

Mama Ente wedelte mit den Flügeln einige weiße Federn von den Schilfhalmen.

„Diese Schwäne nehmen hier am Teich viel zu viel Platz ein", fand sie. „Schau doch mal ihr Nest an: Es ist mehr als doppelt so groß wie unseres. Das zeigt ja schon, was für Angeber diese Schwäne sind." Frau Ente spreizte verächtlich die Flügelfedern.

Enzo meinte: „Wenn du mich fragst, brauchen Schwäne einfach mehr Platz in ihrem Nest, weil sie größer sind als wir Enten."

„Und wenn schon!", fauchte seine Mutter. „Auf jeden Fall ist dieser Teich zu klein für uns Enten und für die Schwäne."

„Das stimmt doch gar nicht!", rief Enzo. „Und Sascha Schwan ist mein bester Freund und überhaupt nicht eingebildet. Nur ihr Erwachsenen versteht euch nicht. Vielleicht solltet ihr darüber mal nachdenken!"

Nach diesen Worten schwamm Enzo über den Teich davon.

Sein Freund Sascha wartete schon am geheimen Treffpunkt der beiden beim alten Holzsteg.

„Was ist denn los?", fragte Sascha, als Enzo mit mürrischer Miene aus dem Wasser stieg und sich die Tropfen aus den Federn schüttelte.

„Meine Mutter hat mal wieder gemeckert", berichtete Enzo. „Und das alles nur wegen ein paar Schwanenfedern im Schilf."

„Bei uns zu Hause war auch schlechte Stimmung", meinte Sascha.

„Wieso denn?", fragte Enzo nach. „Was ist passiert?"

Sascha erzählte: „Als meine Mutter heute Morgen früh-stücken wollte, waren am Westufer kaum noch Wasserlinsen vorhanden. Oh Mann, das gab vielleicht ein Gezeter!"

Enzo seufzte. „Ich kann mir schon denken, über wen deine Mutter geschimpft hat. Bestimmt über uns Enten, oder?"

„Leider ja." Sascha zupfte nachdenklich an seinen Flügeln herum. „Sie meint, dass ihr die Wasserlinsen aufgefressen habt. Als ob es hier am Teich nicht noch andere Tiere gäbe, die gerne Grünzeug fressen!"

Enzo sagte: „Es ist wirklich zu schade, dass unsere Mütter sich nicht mehr vertragen. Und das alles nur wegen dieses blöden Missverständnisses damals."

Die beiden erinnerten sich noch gut an den Tag, an dem ihre Mütter sich zerstritten hatten. Es war der Tag nach dem großen Hoffest gewesen. Die Bäuerin hatte abends eine Schüssel mit Brotresten ans Ufer des Ententeichs gestellt. Alle Teichbewohner hatten sich auf eine üppige Brotmahl-zeit gefreut. Doch am nächsten Morgen war die Schüssel leer gewesen! Damals hatte der ganze Streit begonnen. Seitdem dachte Mama Schwan, Frau Ente hätte heimlich alles leer gefressen. Und die Entenmutter glaubte bis heute, dass Mama Schwan das Brot vertilgt hatte.

Dabei hatte an jenem Abend ein großer Schwarm Krähen am Teich Station gemacht. Enzo und Sascha waren sicher, dass sich in Wirklichkeit die Krähen die Brotreste geschnappt hatten.

Aber Frau Ente und Frau Schwan hörten nicht auf, sich gegenseitig zu verdächtigen. Seitdem gingen sich die beiden aus dem Weg, und es verging fast kein Tag, an dem die eine sich nicht über die andere ärgerte.

Während Enzo und Sascha vor sich hingrübelten, flitzte Elisa Eichhörnchen an ihnen vorbei.

„Nanu, weshalb schaut ihr denn so trübsinnig aus den Federn?", rief sie, als sie die beiden Jungen sah. Mit ein paar großen Sprüngen verschwand die Eichhörnchenfrau im Gebüsch. Kurz darauf tauchte Elisa wieder auf und legte einige Samen vor Enzo und Sascha auf den Boden.

„Bitte sehr!", schnarrte Elisa. „Ich wünsche einen guten Appetit!"

Enzo rief: „Vielen Dank!"

Und Sascha meinte: „Wie lieb von dir, Elisa!" Doch da war Elisa Eichhörnchen schon am nächsten Baumstamm hochgeklettert.

Die Freunde ließen sich die Samen schmecken.

Auf einmal hatte Sascha eine Idee. „Weißt du was?", rief er und schlug vor Aufregung mit den Flügeln. „Warum machen wir es nicht wie Elisa?"

Enzo blickte ihn fragend an. „Wie meinst du das?"

Sascha sagte: „Als Elisa uns die Samen geschenkt hat, haben wir uns doch gefreut, oder?"

„Na klar", meinte Enzo.

Sascha fuhr fort: „Unsere Mütter würden sich bestimmt auch über ein Geschenk freuen. Und wenn jede denkt, dass das Geschenk von der anderen kommt, dann kehrt hier am Teich vielleicht bald wieder Frieden ein."

Enzo starrte seinen Freund verblüfft an. „Die Idee ist richtig gut!", sagte er. „Ich bin gespannt, ob das klappt!"

Als Frau Ente am nächsten Morgen ihr Haus verließ, staunte sie nicht schlecht. Vor ihren Füßen lagen einige saftige Kohlblätter und daneben eine Schwanenfeder.

„Sieh einer an!", schnatterte Frau Ente und verzehrte die Köstlichkeit sogleich.

„Das ist aber eine nette Entschuldigung."

Auch Frau Schwan fand an diesem Morgen einige Kohlblätter vor ihrem Nest, verziert mit einer Entenfeder.

„Was für eine reizende Geste", meinte sie und ließ es sich schmecken.

Enzo und Sascha, die alles von ihrem Versteck aus beobachtet hatten, zwinkerten sich zu. War das der erste Schritt in Richtung Versöhnung?

Tatsächlich: Noch am selben Tag beschloss Frau Ente, einmal zu Frau Schwan hinüberzuschwimmen. Weil Frau Schwan das Gleiche vorhatte, trafen sich die beiden mitten auf dem See.

„Guten Tag", grüßte Frau Ente höflich.

„Guten Tag", erwiderte Frau Schwan freundlich.

„Haben Sie Lust auf einen Abstecher zum Südufer? Dort soll frisches Pfeilkraut wachsen."

„Ich komme gerne mit!", nickte Frau Ente erfreut.

Schnatternd schwammen die beiden zum Südufer hinüber. Sascha und Enzo atmeten auf.

„Na also", meinte Sascha. „Sieht ganz so aus, als würden die beiden ihren Streit beilegen."

„Hoffentlich bleibt das so", sagte Enzo.

Sascha grinste. „Zur Not müssen wir eben noch mal ein paar Kohlblätter stibitzen."

Doch das war glücklicherweise nicht nötig. Nachdem Frau Schwan und Frau Ente sich gegenseitig versichert hatten, dass keine von ihnen damals die Schüssel leer gefressen hatte, beendeten sie ihren Streit ein für alle Mal. Nur eines fanden sie nie heraus – nämlich wer ihnen die Versöhnungs-Happen hingelegt hatte. Aber das war auch nicht so wichtig. Hauptsache, am Ententeich war wieder Frieden eingekehrt!

Eine tolle Fundgrube

„Was ist denn hier los?"

Staunend betrachteten die Hoftiere das Durcheinander am Rand der Hofeinfahrt. Da lehnte ein vergilbtes Bild an einem alten Schrank. Auf einem Tisch standen Tassen, Kannen und Töpfe. Einige Pferdedecken hingen über der Lehne eines Klappstuhls, und der verschlissene Bürostuhl von Bauer Balduin diente als Unterlage für eine große Kiste. Was hatte das nur zu bedeuten?

Der Hofhund Hugo wusste die Antwort. „Die Bäuerin und der Bauer haben den Dachboden aufgeräumt", erzählte er. „Dabei haben sie alle alten Sachen aussortiert, die schon lange niemand mehr benutzt hat."

Kater Konrad musterte die Pferdedecken. „Und was passiert jetzt damit?", erkundigte er sich.

„Morgen kommt die Sperrmüllabfuhr", erklärte Hugo Hund. „Dann packen die Müllmänner alles in ihren Lastwagen und bringen es weg."

„Wie bitte?" Konrad wetzte probeweise seine Krallen an der obersten Pferdedecke.

„All diese tollen Sachen sollen im Müll landen?"

Hugo nickte. „Ich habe gehört, wie die Bauersleute gesagt haben, dass sie das alte Zeug nicht mehr brauchen."

Entschlossen zerrte Konrad die oberste Decke herunter. „Wenn das so ist, dann nehme ich mir diese Decke zum Kuscheln mit in den Stall."

Nun wurden auch die anderen Tiere neugierig.

„Ich könnte diesen Topf gut gebrauchen", überlegte Zilla Ziege.

„Und mir gefällt die Kanne", sagte Sigrun Schaf.

„Moment mal!", rief Egon Esel. Sein Wort hatte Gewicht, denn er war einer der Ältesten auf dem Hof.

„Was ist denn los?", fragte Konrad Kater, der mit der Decke im Schlepptau schon in Richtung Stall losgezogen war.

Egon Esel erklärte: „Wenn sich jeder etwas aussucht, dann muss es dabei gerecht zugehen."

Die anderen blickten ihn fragend an.

„Zuerst einmal soll jeder sagen, welchen Gegenstand er gerne hätte", stellte Egon klar. „Falls zwei Tiere den gleichen Wunsch haben, müssen wir den Gewinner auslosen. Wer beim Losen verliert, muss sich dann etwas anderes aussuchen."

Mit diesem Vorschlag waren alle einverstanden. So kam es, dass sich bald alle Hoftiere um den Sperrmüll scharten.

„Ich möchte diese Tasse haben!", rief Mimi Meerschweinchen.

„Und ich hätte gern das Bild mit der Kuh", sagte Kirsten Kaninchen. „Ich wette, es passt gut in mein Häuschen."

  Egon Esel achtete darauf, ob zwei Tiere denselben Wunsch hatten. Tatsächlich wollten sowohl Zilla Ziege als auch Panja Pferd einen alten Topf als Futtereimer haben. Und Frau Ente und Frau Schwan liebäugelten beide mit einem gemütlichen Weidenkorb.

„In diesen Fällen soll das Los entscheiden", sagte Egon Esel.

Doch da fragte Zilla Ziege: „Was ist eigentlich in der großen Kiste auf dem Stuhl?"

Das wussten auch die anderen Tiere nicht. Ruck, zuck bohrte die Ziege mit ihren Hörnern zwei Gucklöcher in den Karton.

„Oh!", staunte Zilla. „In der Kiste sind einige tolle Spielsachen!"

Egon Esel half ihr, die Kiste aufzureißen. Mit dem Spielzeug darin hatte die Bäuerin Barbara als Kind gespielt.

Frau Schwan deutete mit dem Flügel auf einen Spielzeug-Dinosaurier. „Den hätte ich gern, wenn es recht ist", sagte sie. „Er hat so einen schönen Schwanenhals."

Alle waren einverstanden.

Panja Pferd entschied sich für ein selbst gemaltes Pferdebild. Somit konnte Zilla Ziege den Weidenkorb haben.

„Wenn mich nicht alles täuscht, ist damit alles gerecht verteilt", stellte Egon Esel fest. „Jedes Tier hat sich eine Sache ausgesucht."

„Das stimmt nicht!", gackerte Hilde Huhn. „Wir haben jemanden vergessen!"

Erstaunt blickten die Tiere sich an. Alle hatten ein Kuscheltier, ein Spielzeug oder einen anderen Gegenstand aus dem Sperrmüll gewählt. Aber nein nicht ganz alle!

„Egon Esel hat sich nichts ausgesucht!", riefen die Tiere plötzlich wie aus einem Mund.

Tatsächlich: Der gute alte Esel hatte so sehr auf die gerechte Verteilung des Trödels geachtet, dass er sich selbst vergessen hatte! Nun lag außer einigen Kleidern und Hüten für Puppen nur noch ein Gegenstand in der Kiste: ein kuscheliger kleiner Teddy.

„Den nehme ich gerne!", freute sich Egon und nahm den Teddy vorsichtig mit dem Maul hoch. „Der passt gut zu mir."

In diesem Augenblick kam Bauer Balduin aus dem Haus.

Die Tiere hielten die Luft an. Ob der Bauer wohl schimpfen würde, weil sie den Sperrmüll durchstöbert und sich etwas herausgesucht hatten?

Im Gegenteil: Als der Bauer seine Tiere da stehen sah, jeden mit einem Schatz aus dem Sperrmüll vor sich, musste er herzlich lachen.

„Ihr seid echt eine verrückte Truppe", meinte er. „Aber ihr habt völlig recht: Weshalb sollen wir Sachen wegwerfen, an denen ihr noch Spaß habt?"

Die Tiere atmeten erleichtert auf. Nun brachte jeder seinen neuen Besitz dorthin, wo er ihn am besten gebrauchen konnte.

Als die Tiere an diesem Abend noch eine Weile zusammen-
saßen und über ihre neuen Besitztümer plauderten, geriet in
ihrer Mitte auf einmal die Erde in Bewegung.

„Was ist denn das?", rief Moritz Meerschweinchen und ging
vorsichtshalber hinter einem großen Stein in Deckung.

Erschrocken starrten alle auf die Wiese. Irgendjemand grub
sich von unten durch die Erde. Staub und Erdklumpen flogen
durch die Luft. Und dann streckte Max Maulwurf seinen Kopf
aus dem frisch angehäuften Erdhügel.

„Wünsche einen schönen guten
Abend", sagte er und blinzelte ins
Dämmerlicht.

„Von Robbi Regenwurm habe ich
gehört, dass hier heute Geschenke verteilt wurden. Wie ihr
alle wisst, vertrage ich keine Sonne. Deshalb komme ich
erst jetzt am Abend heraus. Ist vielleicht noch etwas für
mich übrig?"

Oje! Die Hoftiere schauten sich betroffen an. Niemand
hatte an den Maulwurf gedacht! Er wohnte schon seit
Langem in einem großen Bau unter der Kuhweide, und die
Tiere luden ihn immer zu ihren Hoffesten ein. Aber heute
hatten sie ihn glatt vergessen. Was sollten sie nun tun? Von
dem Trödel des Bauern waren doch nur noch die Möbel-
stücke und einige Puppenkleider übrig.

„Moment mal!", rief Egon Esel mitten in das peinliche
Schweigen hinein. „Ich glaube, wir haben genau das Richtige
für dich, Max! Warte kurz, ich hole es!"

Er trabte davon und kehrte kurz darauf mit einem Puppen-
Sonnenhut zurück.

„Was für ein toller Sonnenhut!", strahlte Max Maulwurf und
setzte ihn gleich auf. „Er passt genau", lachte er. „Mit diesem
Sonnenschutz kann ich auch tagsüber öfter mal aus meinem
Bau kommen."

Alle lachten erleichtert mit. Hoffentlich räumten der Bauer
und die Bäuerin bald wieder eine Ecke ihres Hauses auf.
Die Tiere freuten sich jedenfalls schon auf den nächsten
Sperrmülltag!

Eine merkwürdige Krankheit

„Habt ihr schon das Neueste gehört?"
Wie immer sorgten die Vögel dafür,
dass sich die neue Nachricht auf dem
Bauernhof verbreitete.

„Die Bäuerin hat eine Pflegehündin
aufgenommen", erzählten die Vögel
jedem, der es hören wollte.

Auf der Kuhweide fragte Katja Kalb: „Du, Mama? Was ist
eigentlich eine Pflegehündin?"

Ihre Mutter Käthe erklärte: „Das ist eine Hündin, die nur zu
Besuch hier ist. Die Bäuerin hat sich schon öfter einmal um
Pflegetiere gekümmert, die aus irgendeinem Grund nicht in
ihrem Zuhause bleiben konnten – zum Beispiel, weil der
Besitzer krank geworden ist oder weil die Familie ihr Haus
umgebaut hat und das Tier solange woanders wohnen musste."

Weshalb die neue Pflegehündin auf den Hof gekommen
war, wusste zunächst niemand.

Aber alle Hoftiere waren neugierig und wollten die vierbeinige Besucherin baldmöglichst kennenlernen.

Hugo Hund war der Erste, der die Hündin begrüßte.

„Hallo, ich bin Hugo", stellte er sich vor. „Herzlich willkommen auf unserem Hof."

„Danke sehr." Die Hündin sah freundlich aus, aber sie wirkte müde. Sie blinzelte ins Sonnenlicht und sagte:

„Ich heiße Hera."

Hugo fragte: „Hast du Lust, mit mir Ball zu spielen?" Er holte seinen Lieblingsball und legte ihn vor Hera auf den Boden.

Aber die Hündin schüttelte nur den Kopf. „Heute nicht", meinte sie. „Ich fühle mich nicht so gut."

Auch in den nächsten Tagen wollte Hera mit niemandem spielen.

Sie hatte keine Lust, mit Hugo die Schafe zusammenzutreiben. Sie spielte nicht mit den anderen Hoftieren Verstecken. Und auch am Stöckchen-Weitwurf beteiligte sich Hera nicht. Stattdessen lag sie den ganzen Tag im Stroh und rührte sich kaum.

Eines Abends meinte Kater Karsten: „Wenn ihr mich fragt, ist diese Hera eine richtige Langweilerin."

„Das glaube ich nicht", widersprach Kirsten Kaninchen. „Vielleicht hat sie irgendeine Krankheit und ist deshalb so schlapp."

„Was soll das denn für eine Krankheit sein?", gackerte Hilde Huhn. „Die Hündin hustet nicht, sie hat keinen Schnupfen, und eine Verletzung scheint sie auch nicht zu haben."

„Stimmt genau!", pflichtete Herbert Hahn ihr bei. „Meiner Meinung nach ist diese Hündin kein bisschen krank, sondern einfach nur eingebildet. Habt ihr gesehen, wie hochnäsig sie auf uns Bauernhoftiere herabschaut?"

„Das kann ich nicht bestätigen", sagte Panja Pferd. „Ich finde Hera Hund sehr nett. Wusstet ihr, dass sie aus einer großen Stadt kommt und noch nie zuvor auf einem Bauernhof gewesen ist?"

„Und wenn schon!", krähte Herbert Hahn. „Meinetwegen kann sie gerne wieder dorthin verschwinden, wo sie hergekommen ist."

So diskutierten die Hoftiere noch eine Weile weiter. Die einen mochten die Pflegehündin und nahmen sie in Schutz. Die anderen waren der Ansicht, dass Hera Hund nicht auf den Bauernhof passte und besser bald wieder heimkehren sollte.

Da geschah etwas, womit niemand gerechnet hatte: Am nächsten Morgen war Hera Hund spurlos verschwunden!

Wieder sorgten die Vögel dafür, dass bald jeder auf dem Hof Bescheid wusste.

Der Bauer und die Bäuerin sahen in jedem Winkel nach und riefen immer wieder Heras Namen. Doch von der Hündin war weit und breit nichts zu entdecken. Bald fuhren die Bauersleute mit dem Auto vom Hof, um die Umgebung nach Hera abzusuchen.

Unterdessen hatten einige Tiere, die gestern nicht gut über Hera gesprochen hatten, ein sehr schlechtes Gewissen bekommen.

„Womöglich hat sie gehört, was wir über sie gesagt haben", meinte Herbert Hahn bedrückt.

„Daran habe ich auch schon gedacht", sagte Kater Karsten. „Vielleicht ist sie aus Kummer davongelaufen, weil wir sie nicht hier haben wollten."

Panja Pferd stampfte mit dem Huf auf. „Da seht ihr, was ihr angerichtet habt! Wer ist dafür, dass wir Hera schnellstmöglich finden und ihr sagen, dass sie hier auf dem Hof herzlich willkommen ist?"

Einige Tiere zögerten.

„Wenn sie auf Dauer bleiben möchte, dann muss sie sich aber auch am Hofleben beteiligen!", fand der Kater.

„Darum können wir sie bitten, wenn wir sie wiedergefunden haben", stimmte Panja Pferd zu. „Aber erst einmal möchte ich wissen, wer von euch überhaupt möchte, dass sie zurückkommt."

Die Tiere stimmten mit den Pfoten, Hufen und Federn ab. Panja Pferd zählte die Stimmen aus.

„Elf Tiere sind dafür", stellte sie fest. „Und wer ist dagegen?" Niemand meldete sich.

„Damit haben wir einstimmig beschlossen, dass Hera Hund hier bleiben darf, wenn sie das möchte", verkündete Panja. „Nun müssen wir sie nur noch finden."

Doch das war alles andere als einfach.
Die Vögel suchten den Hof von der Luft
aus ab. Hugo Hund und Karsten Kater
schnupperten mit ihren feinen Nasen nach Spuren
von Hera. Die Pferde, Schafe, Kühe und Schweine sahen sich
auf den Weiden nach der vermissten Hündin um.

Schließlich war es Kater Karsten, der Hera fand.

Als der Kater an einem abgelegenen Schuppen hinter dem
Obstgarten vorbeikam, hörte er plötzlich seltsame Geräusche.
Täuschte er sich, oder fiepte da jemand in dem alten
Schuppen?

Karsten spähte durch ein Astloch in der Bretterwand – und
staunte nicht schlecht: In dem Schuppen lag Hera und leckte
drei neugeborene Hundewelpen ab!

Die Kleinen waren noch etwas wackelig auf den Beinen und tapsten Schutz suchend um ihre Mama herum. Da zog Karsten sich lautlos zurück, denn er wollte die Hundebabys auf keinen Fall erschrecken.

Kurz darauf wussten alle Tiere auf dem Bauernhof, dass Hera Hund Nachwuchs bekommen hatte. Und weil neugeborene Welpen vor allem Ruhe brauchen, beschlossen die Hoftiere, die kleine Hundefamilie nicht zu stören.

„Aber wir wollten Hera doch mitteilen, dass sie bei uns willkommen ist", überlegte Panja Pferd. „Wie können wir das anstellen, ohne ihre Kleinen zu erschrecken?"

Hugo Hund hatte eine Idee. „Frisch gebackene Mütter brauchen gutes Futter", meinte er. „Ich habe heute noch nicht gefrühstückt. Wer hilft mir, meinen vollen Fressnapf zum Schuppen hinüberzutragen?"

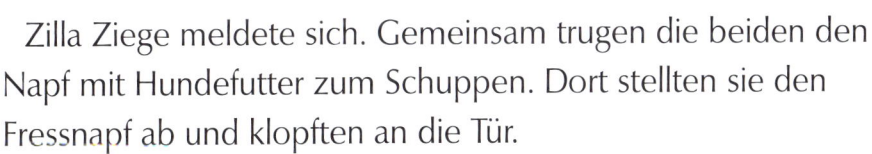

Zilla Ziege meldete sich. Gemeinsam trugen die beiden den Napf mit Hundefutter zum Schuppen. Dort stellten sie den Fressnapf ab und klopften an die Tür.

Als die überraschte Hündin die Schuppentür öffnete, waren Hugo und Zilla längst davongelaufen. Nur das Futter stand da. Hera erkannte, dass es Hugos Napf war. Sie zögerte kurz, dann bellte sie dankbar und machte sich über die Mahlzeit her.

Bald darauf kehrten der Bauer und die Bäuerin auf den Hof zurück. Mit ernsten Mienen stiegen sie aus dem Auto. Sie hatten die Umgebung erfolglos nach Hera abgesucht und machten sich große Sorgen um die Hündin.

Hugo sprang bellend auf seine Besitzer zu und zupfte den Bauern am Hosenbein. Die Bauersleute verstanden gleich, dass er ihnen etwas zeigen wollte. Hugo führte sie zu dem Schuppen.

Die Bäuerin und der Bauer waren überglücklich, als sie ihre Pflegehündin wohlbehalten dort vorfanden – zusammen mit drei niedlichen Welpen.

Nun entdeckte die Bäuerin den leeren Futternapf, der vor der Schuppentüre stand.

„Na, so was!", wunderte sie sich. „Wie kommt denn dein Napf hierhin, Hugo?"

Statt einer Antwort wedelte der Hund nur mit dem Schwanz. Die Bäuerin nahm seinen Fressnapf mit und füllte ihn noch einmal neu. Ab sofort brachte sie jeden Tag das Futter für Hera zum Schuppen.

Es dauerte viele Tage, bis Hera Hund zum ersten Mal wieder auf dem Hof erschien. Ihre Kinder waren inzwischen kräftig und munter. Fröhlich sprangen sie herum und erkundeten den Hof.

Hera sagte zu den anderen Tieren: „Bitte entschuldigt, dass ich so zurückhaltend war. Während der letzten Tage vor der Geburt war ich sehr schlapp. Und für die Geburt selbst habe ich mich zurückgezogen, damit meine Kinder erst einmal viel Ruhe haben."

„Du bist also nicht wegen uns weggelaufen?", fragte Hilde Huhn nach.

Die Hündin blickte sie erstaunt an. „Nein, wieso sollte ich?", meinte sie. „Ihr wart ja immer nett zu mir."

Die Hoftiere wechselten erleichterte Blicke. Offensichtlich hatte die Hündin nichts von ihrem abendlichen Gespräch mitbekommen!

Nun trat Panja Pferd vor und sagte: „Wir Hoftiere freuen uns sehr, dass du hier bei uns bist." Sie blickte auf die Welpen hinunter, die gerade unter ihrem Bauch hindurchsausten. „Ich meine natürlich, dass ihr hier seid", verbesserte sie sich.

„Es wäre schön, wenn ihr für immer bleiben könntet."

Die Hündin wedelte begeistert mit dem Schwanz. „Wie nett von euch!", rief sie. „Es ist mein größter Wunsch, hier auf dem Bauernhof zu bleiben. Aber ich weiß nicht, was meine Besitzer jetzt vorhaben. Sie haben mich vor der Geburt bei der Bäuerin in Pflege gegeben, weil unsere Stadtwohnung zu klein für mehrere Hunde ist. Ich hoffe so sehr, dass ich mit meinen Kindern hier bleiben kann!"

Heras Wunsch sollte in Erfüllung gehen. Nach einem langen Telefonat mit ihren Besitzern kam die Bäuerin auf den Hof hinaus und erzählte den Tieren, dass die Hündin mit ihren Welpen auf dem Bauernhof bleiben durfte. Da war die Freude auf allen Seiten groß. Am meisten aber freute sich Hera. Denn hier auf dem Bauernhof fand die Hundefamilie nicht nur eine neue Heimat, sondern auch viele neue Freunde!

© Schwager & Steinlein Verlag GmbH
Emil-Hoffmann-Straße 1, D-50996 Köln
Text: Carola von Kessel
Illustrationen: Anne Wertheim;
Hut (S. 131): Elisabetta Ferrero;
Auto (S. 107, 108, 136): Hendrik Kranenberg
Satz und Gestaltung: Anne Völpel
Gesamtherstellung: Schwager & Steinlein Verlag GmbH
Alle Rechte vorbehalten

www.schwager-steinlein-verlag.de